DER GENTER ALTAR

Der Genter Altar

PETER SCHMIDT

Mit Fotos von
PAUL MAEYAERT

Davidsfonds/Leuven

Vorwort

Es gibt eine Anzahl menschlicher Kulturschöpfungen, für die der Vorrat lobender Superlative schon erschöpft zu sein scheint. Man kann die Reihe verherrlichender Begriffe nur noch durch eine fortwährende Inflation steigern - mit dem Ergebnis, daß die Worte entwertet werden und dadurch ihre Kraft verlieren. Der Genter Altar gehört zu der Kategorie von Kunstwerken, denen dieses Schicksal beschieden ist. Welche großartigen Sprachschöpfungen müssen noch erfunden werden, um dieses Gemälde zu beschreiben und zu bewerten? Superlative können wohl den Wortschatz erschöpfen, aber deshalb nicht das Kunstwerk selbst. Doch immer stellt sich die Frage: Wie kommt es, daß zahlreiche Meisterwerke so unerschöpflich und universell sind, daß sie ewig jung bleiben und bei demjenigen, der mit ihnen in Berührung kommt, immer wieder das Erstaunen der ersten Begegnung erwecken, immer wieder neu, wie bei der Geburt eines Menschen? Ich denke an die Ilias und an den King Lear, an die Kathedrale von Chartres und den Tadsch Mahal, die Hohe Messe, Don Giovanni, die Sixtinische Kapelle, den Isenheimer Altar... . Je mehr man mit diesen Schöpfungen vertraut ist, desto größer wird die Bewunderung, die sie hervorrufen.

Letztlich wird diese Frage wohl nie beantwortet werden können. Warum ein bestimmtes Kunstwerk immer wieder neue Generationen anspricht und berührt, kann übrigens nie auf einer ausschließlich rationalen Grundlage erklärt werden. Eines scheint sich allerdings zu wiederholen: Alle diese Schöpfungen vereinen höchste Intelligenz und die Beherrschung der eigenen Ausdrucksmittel mit der Fähigkeit, den Betrachter zu rühren. Die Ergriffenheit, die sie erzeugen, ist um so stärker und persönlicher, als sie durch eine Gestaltung hervorgerufen wird, welche die individuelle Emotion des Künstlers auf ein Niveau der allgemeinen Ausdrucksform zu bringen vermag. Dadurch erhalten diese Kunstwerke eine Universalität, die die Grenzen der Kultur durchbricht, in der sie zustande kamen, und bilden so eine Verbindung zwischen allen Menschen. Sie erheben sich über die enge Begrenztheit ihres eigenen Zeitrahmens oder räumlichen Horizontes und berühren auch Herz und Geist derjenigen, die in einer ganz anderen Zeit und in einem ganz anderen Kulturkreis leben. Gleichzeitig aber - und dies unterscheidet sie von allen anderen - sind sie einzigartig; wohl wurden sie kopiert und nachgemacht, aber sie bleiben unwiederholbar und einmalig. Sie reflektieren wie ein Spiegel die unverwechselbare Einmaligkeit des Genies, das sie geschaffen hat.

In diese Kategorie von Schöpfungen und wohl an erster Stelle müssen wir den Genter Altar einordnen. Intelligenz und Technik, Sensibilität, Universalität und Einmaligkeit kennzeichnen in höchstem Maße den Flügelaltar der Brüder van Eyck und machen ihn zu einem der größten Werke der menschlichen Kulturgeschichte. Albrecht Dürer lobte 1521 bei seinem Besuch in Gent mit Recht den Genter Altar als "überköstliche, hochverständige Malerei".

Ein beschreibender oder erklärender Text kann nie die Freude und Begeisterung ersetzen, die das eigene Schauen vermittelt. Der Betrachter muß selbst den atemberaubenden bildhaften Reichtum des Werkes entdecken. Trotzdem wollen wir auf den folgenden Seiten eine Unterstützung bieten, die Ihnen helfen soll, das Werk zu verstehen und es in seiner Fülle zu genießen.

VAN EYCK UND SEINE ZEIT

Wie kein anderes bietet das Werk der Brüder van Eyck ein Zeugnis der eindrucksvollen Periode, in der es entstand. Flandern gehörte zur damaligen Zeit - Anfang des 15. Jahrhunderts - zum burgundischen Reich. Die besten Arbeiten von Jan van Eyck fallen in die langen Regierungsjahre des burgundischen Herrschers Herzog Philipp der Gute (1396-1419-1467). Unter dem Einfluß des prunkliebenden Fürsten erlebte Flandern nicht nur seinen glanzvollen "Herbst des Mittelalters" (Huizinga), die Abendröte, bevor das Land in der Renaissance den verwüstenden Religionskriegen und der spanischen Besatzung zum Opfer fiel und verarmte. Die burgundischen Gebiete, die sich in einem langen Streifen von den Alpen bis hin zur Nordsee erstreckten, wetteiferten um die Macht mit Frankreich und England, die sie während einiger Jahrzehnte in wirtschaftlicher und kultureller Hinsicht sogar übertrafen. Wer Städte wie Dijon oder Brügge besucht, wird noch heute von den glanzvollen Spuren dieser Epoche beeindruckt sein. Im Strahlenkranz, der von dem prunksüchtigen burgundischen Hof ausging, wärmten sich viele Adelige, Geistliche und reiche Händler. Nicht umsonst zeigen Gemälde und Miniaturen aus dieser Zeit einen Überfluß an Edelsteinen und reichen Gewändern in aufwendigen, luxuriösen Interieurs. Die großen flämischen Städte waren damals Zentren des Welthandels. Nicht nur die weltlichen und kirchlichen Fürsten, sondern auch reich gewordene Patrizier- und Händlerfamilien konnten es sich leisten, renommierte Künstler für sich arbeiten zu lassen. Das Arnolfini-Ehepaar von Jan van Eyck (National Gallery, London) und das Portinari-Triptychon von Hugo van der Goes (Uffizien, Florenz) sind dafür vielleicht die berühmtesten Beweise.

Philipp der Gute, der auf dem Höhepunkt seiner Macht und seiner Prachtentfaltung 1430 den angesehenen Ritterorden vom "Goldenen Vlies" gestiftet hat, war auch ein begeisterter Förderer der Künste. Er unterstützte unter anderem Bildhauer, Teppichweber, Musiker und Kunstschmiede. Aber vor allem als Mäzen der Malerei sollte Philipp in die Geschichte eingehen, nicht nur durch seine Verbundenheit mit dem Namen van Eyck. Der Herzog persönlich übernahm die Patenschaft für einen Sohn des Jan van Eyck, der bei ihm eine Vertrauensstellung bekleidete.

Aus der Malerfamilie van Eyck sind die Namen von drei Brüdern (Hubert, Johannes und Lambert) und einer Schwester (Margareta) bekannt. Die Familie stammte aus dem Limburger Maasgebiet. Der Geburtsort ist nicht mit völliger Sicherheit bekannt, aber es spricht einiges für die Stadt Maaseyck, die damals zur Grafschaft Loon gehörte, obwohl auch die Gegend um Venlo in Betracht kommt und darüber hinaus auch andere Ortsnamen genannt werden. Wir verweisen hierzu auf die Fachliteratur.

Hubert und Jan wurden die wichtigsten Vertreter der Familie. Über Hubert (Hubrecht) van Eyck ist nicht soviel bekannt. Er soll um 1360/1370 geboren und 1426 in Gent gestorben sein, wo noch heute sein Grabstein in der St.-Bavo-Abtei aufbewahrt wird[1] Außer dem Genter Altar gibt es kein Werk, das ihm mit völliger Sicherheit zugeschrieben werden kann. Sein Name wird jedoch viermal in den Genter Stadtrechnungen zwischen 1424 und 1426 erwähnt, so daß er vermutlich bis zu seinem Tod als Maler gearbeitet hat. Auch ist ein "Magister Hubertus" bekannt, der 1409 einen Altaraufsatz für die Frauenkirche in Tongeren gemalt haben soll. Allerdings ist es nicht ausgeschlossen, daß er mit Hubert van Eyck identisch ist. Größere Berühmtheit erlangte dessen jüngerer Bruder Jan, über den wir viel mehr wissen und auf den sich die gesamte Aufmerksamkeit der Kunsthistoriker richtete, so daß später einige Zweifel darüber aufkamen, ob Hubert wirklich an dem Retabel in der St. Johannes-Kirche mitgearbeitet hat und sogar darüber, ob er tatsächlich gelebt hat. Nach heutigem Erkenntnisstand kann man davon ausgehen, daß Hubertus van Eyck an dem Altar mitgearbeitet hat, wobei sich unmöglich feststellen läßt, was wirklich von seiner Hand stammt. Der Entwurf? Eine Anzahl übermalter Teile, wie die Grisaille von St. Johannes dem Evangelisten? Oder tatsächlich, wie der bekannte Vierzeiler auf dem Rahmen nahelegt, der größte Teil der Arbeit? Es bleibt ein Rätsel, das sich um den Altar rankt. Natürlich ist auch zu dieser Frage viel Fachliteratur erschienen.

Der weitaus bekanntere der beiden Maler ist Jan van Eyck.Vermutlich wurde er zwischen 1385 und 1390 geboren. Er starb 1441 in Brügge. Jan war der erste flämische Maler, der seine Werke (etwa neun) signiert hat. Mit Sicherheit können ihm 18 Tafeln zugeordnet werden. Er unterschrieb andeutungsweise mit "Johannes de Eyck", und auf einigen Werken erkennt man seinen Wahlspruch "Als ich can" (Wenn ich kann). Wo er zum Maler ausgebildet wurde, ist ebenso wie von seinem Bruder Hubert nicht bekannt, man spürt aber Einflüsse von Robert Campin, auch bekannt als Meister von Flémalle, und deutlich auch von den spätmittelalterlichen Illuminatoren, wie dem Meister von Boucicaut und den Brüdern van Limburg. Letztere arbeiteten für den Großonkel Philipps des Guten, Jean, Herzog von Berry, und verfaßten eines der berühmtesten Stundenbücher, die "Très Riches Heures du Duc de Berry".

Durch seine außergewöhnliche Begabung, seine Intelligenz und seinen Charakter machte sich Jan bei Philipp dem Guten sehr beliebt. Er wurde sein Kammerherr, mit dem Auftrag, für den Herzog zu malen. So war es Jan van Eyck, der eine herzogliche Gesandtschaft nach Portugal begleitete, um für den Herzog das Portrait der Ehekandidatin, Prinzessin Isabella, zu malen. Als Vertrauensperson wurde er auch mit einigen delikaten und geheimen diplomatischen Missionen betraut.

Hubert können wir kein einziges Werk mit Sicherheit zuschreiben, geschweige denn, zeitlich einordnen. Von Jan kennen wir nur die Arbeiten aus dem letzten Jahrzehnt seines Lebens, wobei der Genter Altar aus dem Jahre 1432 die älteste datierte Komposition des Meisters ist. Sie war gleichzeitig ein "Coup de maître", ein Meisterstück. Mit den Brüdern van Eyck beginnt die weltberühmte Malerschule des 15. Jahrhunderts, die man später die "flämische Primitiven" nennen wird. Diese Schule hat die Welt um eine Reihe überragender Meisterstücke bereichert. Erwähnt seien nur die berühmtesten Vertreter im Kielwasser der van Eycks: Rogier van der Weyden, Dieric Bouts, Hans Memling, Hugo van der Goes.

Deshalb ist das Interesse an den van Eycks und der Einfluß der beiden Brüder nicht zu unterschätzen. Ich zitiere E. Dhanens: "Großen Eindruck machte seit jeher ihre Vorstellungskraft, die damals ganz neue, wahrheitsgetreue Darstellung sichtbarer Wirklichkeiten, die sinnvolle Bedeutung der Darstellungen, die technische Vollkommenheit der Ausführung, wodurch die Farben ihre Eigenschaften in einem unübertroffenen Glanz behielten"[2]. Wegen der außergewöhnlichen Qualität des Werkes und des Materials entstand die Sage, die Brüder van Eyck hätten die Ölfarbe erfunden. Das ist nicht der Fall, aber der Genter Altar und Jan van Eycks Oeuvre beweisen, mit welchen Riesenschritten sie die damals noch junge Technik der Ölmalerei weitergebracht haben.

Der Einfluß der van Eycks auf spätere Meister war tatsächlich enorm, und unbestritten ist das Lob der Fachleute über die außergewöhnliche Größe ihres Werkes. Seit dem 15. Jahrhundert sind die Studien und Analysen ihres Schaffens zu einer unübersehbaren Bibliothek angewachsen. Unser Vorhaben ist viel bescheidener. Wir wollen dem Betrachter eine kurze historische, thematische und ästhetische Einführung zu ihrer größten Schöpfung anbieten: dem Retabel in der St.-Bavo-Kathedrale zu Gent.

DER GENTER ALTAR UND SEINE GESCHICHTE

Eine sehr wichtige Information über die Geschichte des Retabels finden wir in dem Vierzeiler, der in ziemlich unbeholfenem Latein verfaßt und auf den unteren Rahmen der Außentafeln gemalt wurde:

Pictor Hubertus e Eyck major quo nemo repertus
incepit pondusque Johannes arte secundus
(frater) perfecit Judoci Vijd prece fretus
VersU seXta MaI Vos CoLLoCat aCta tUerI.

Sinngemäß übersetzt lautet der Text:
"Der Maler Hubert van Eyck - ein größerer wurde nie gefunden - begann (dieses Werk) und sein Bruder Johannes - der Zweite in der Kunst - schloß die schwere Aufgabe auf Bitten Judocus Vijds ab. Mit dieser Aufschrift vertraut er das, was er vollendet hat, Ihrer Obhut an (oder: vertraut er..., damit Sie es sich anschauen können)".

Der letzte Absatz der Inschrift enthält ein Chronogramm des Jahres 1432. Der Text bietet also eine Reihe interessanter Informationen: am 6. Mai 1432 wurde der Flügelaltar eingeweiht. Hubert van Eyck hatte mit der Arbeit begonnen, und Jan hatte das Werk nach dessen Tod 1426 vollendet. Auftraggeber war Judocus Vijd [3].

Wie die meisten wichtigen mittelalterlichen Kunstwerke ist auch der Genter Altar eine Auftragsarbeit. Es war damals üblich, daß bestimmte Gruppen (Zünfte) oder andere vermögende Zeitgenossen (Fürsten, reiche Bürger) eine Kirche oder ein Kloster beschenkten, zum Beispiel indem sie ein Bild oder einen Altar anfertigen ließen. In der Regel wurden sie auf diesen Kunstwerken als Stifter dargestellt. Es wurde auch Geld gespendet für die Lesung einer Messe, die zu bestimmten Zeitpunkten zelebriert werden mußte. Dies war auch der Anlaß für die Entstehung des Genter Altares.

Judocus (Joos) Vijd, Herr von Pamele, war ein prominenter Einwohner der Stadt Gent. Er entstammte einer reichen Bankiersfamilie und war verheiratet mit Isabella, die dem bekannten Genter Geschlecht der Borluut angehörte [4]. Er war wiederholt zum Beigeordneten gewählt worden und wirkte von 1433-34 sogar als Hauptbeigeordneter, was etwa mit dem heutigen Oberstadtdirektor vergleichbar ist. So gehörte er zu den Hauptpersonen des Genter Magistrats.

Joos Vijd war Mitglied der Kirchengemeinde St. Johannes und ließ auf eigene Kosten eine der Kranzkapellen der Pfarrkirche wiederherstellen. Sie wird noch heute "Vijdkapelle" genannt und ist die zweite rechts von der Achsen- oder Sakramentskapelle und liegt im südlichen Chorgang [5]. Bei dieser Gelegenheit stiftete er zusammen mit seiner Frau auch einen Flügelaltar, verbunden mit einer täglichen Messe "zu Ehren Gottes, Seiner gesegneten Mutter und aller Seiner Heiligen" und auch bestimmt für ihr eigenes Seelenheil und das ihrer Vorfahren.

Man vermutet, daß er Hubert van Eyck um 1420 mit dieser Arbeit beauftragt hat, allerdings kann dies auch schon früher geschehen sein. Mit Sicherheit kann man heute nicht mehr feststellen, welcher Anteil Hubert im Unterschied zu Jan an der Gestaltung dieses Werkes zugeschrieben werden muß. Die Untersuchung der Pinselführung hat zum Beispiel keinen Aufschluß darüber gegeben, daß zwei verschiedene Hände am Werk waren. Trotzdem scheint es nachvollziehbar, daß mindestens Konzept und Aufbau der Arbeit, wie auch deren erste Formgestaltung, dem älteren Bruder, also Hubert, zuzuschreiben sind. Allerdings kann auch heute nicht mehr mit Bestimmtheit gesagt werden, in welchem Maße später Änderungen an Konzept und Aufbau des Genter Altars erfolgten. Es hat Kunsthistoriker gegeben, die fast nichts oder nur einen geringen Teil des Retabels Hubert van Eyck zuschreiben würden. Jüngere Erkentnisse hingegen, sprechen dafür, daß gerade Hubert für den größten Teil des Flügelaltars verantwortlich war. Sie stützen sich unter anderem auf die Tatsache, daß man anders die Lobpreisung auf Hubert (in dem Vierzeiler) als dem Größten unter den Malern schwerlich verstehen würde sowie auf die Annahme, daß Jan nicht lange an dem Werk arbeiten konnte. Ab 1425 war er nämlich fortwährend durch Aufträge für Philipp den Guten beansprucht. Vermutlich hat er erst ab 1430, mit Zustimmung des Herzogs, am Altar arbeiten können. Deshalb glaubt man, Jan habe das Werk vollendet, zahlreiche kompositorische Eingriffe und Änderungen an den Verkündigungstafeln des geschlossenen Retabels vorgenommen, er sei auch verantwortlich für die heutige Innenausstattung, und er habe zum Schluß die Portraits des Stifterpaares, wie auch Adam und Eva, integral gemalt. Aber auch Hubert könnte nach dieser Hypothese für den größten Teil des Innenflügels verantwortlich sein. Die unterschiedliche Art und Weise, in welcher die Flächen gestaltet sind, könnte einen Hinweis auf den jeweiligen Anteil der beiden Meister geben.

Hubert soll flacher gearbeitet haben, so bei den Tafeln der singenden und musizierenden Engel und bei den drei zentralen Figuren, Jan hingegen mehr Tiefenwirkung eingebracht haben, wie in der Verkündigungsszene zu sehen ist. Diese kurze Vorstellung des Genter Altaraufsatzes bietet sicher nicht den richtigen Rahmen, diese komplexe Diskussion zu führen. Wir betrachten nunmehr den Flügelaltar, wie er heute zu sehen ist, als gemeinsames Werk der Brüder van Eyck.

Der Genter Altar war wochentags geschlossen. An Sonn- und Feiertagen wurde er geöffnet und zog sofort viele Menschen an, die das Meisterwerk in der St. Johannes-Kirche sehen wollten. Bis zum Ende des Ancien Régime erfüllte er seine liturgische Funktion. Er stand bis vor einigen Jahren an dem Ort, für den er geschaffen wurde und der die Wiedergabe von Lichteinfall und Schatten bestimmte: in der Vijdkapelle.

Wer heute vor dem gut erhaltenen Polyptychon in der St.-Bavo-Kathedrale steht, könnte meinen, daß er seinen Platz seit fünf Jahrhunderten nicht verlassen hat. Die Wirklichkeit sieht allerdings ganz anders aus. Der Genter Altar hat eine wechselvolle Geschichte hinter sich; umso erstaunlicher ist es, daß er heute noch in einem solch guten Zustand bewundert werden kann. Hier ein kleiner Rückblick auf einige wichtige Daten und Ereignisse der letzten Jahrhunderte:

Der Kirchenvorstand der St.-Johannes-Kirche hatte sich immer gut um den Altaraufsatz gekümmert, so daß die erste bedeutende Reinigung erst 1550 durch die Maler Lancelot Blondeel und Jan van Scorel nötig wurde. Davor war eine Predella in Wasserfarbe ("Die Hölle") ausgewischt worden, von "ungeschickten Händen", wie es Marcus van Vaernewijck damals notierte. Während der Religionswirren des 16. Jahrhunderts wurde das Retabel zweimal (in den Jahren 1566 und 1578) aus der Joos-Vijdkapelle entfernt. So wurde es vor der Zerstörung bewahrt. Zwischen 1662 und 1663 wurde das Werk erneut gereinigt und bei dieser Gelegenheit in einen neuen Barockaltar eingesetzt. Restauriert wurde das Retabel 1731.

Während der französischen Besatzung unserer Gebiete im Jahre 1794 wurden die vier zentralen Tafeln des Retabels (3, 4, 5, 10 : siehe Plan) nach Paris gebracht. Erst nach der Schlacht von Waterloo (1815) kamen sie nach Gent zurück. Nicht lange danach wurden die sechs Flügeltafeln (2, 6, 8, 9, 11, 12) ohne "Adam und Eva" vom Großvikar Le Surre in Abwesenheit des Genter Bischofs de Broglie im Jahre 1816 an einen Kunsthändler aus Brüssel verkauft. Nach dem Weiterverkauf an den englischen Sammler E. Solly gelangten die Tafeln 1821 in den Besitz des preußischen Königs Friedrich Wilhelm III. und so in das Berliner Museum. Dort entdeckt man den Vierzeiler auf dem Rahmen der Außentafeln. 1894 werden in Berlin die Tafeln, anläßlich einer Ausstellung, längs durchgesägt und parkettiert.

1822 bricht in der Kathedrale ein kleines Feuer aus. Am Augenblick, an dem man die mittlere Tafel wegnimmt, um sie vor glühender Asche zu schützen, bricht sie horizontal in zwei Stücke. Sie kann aber gerettet und repariert werden. 1825 restauriert der Maler Lorent die Tafel mit der Heiligen Jungfrau, 1861 werden die Tafeln mit Adam und Eva infolge eines Geschäftes mit dem belgischen Staat in ein Brüsseler Museum gebracht. Damit ist das Retabel zu diesem Zeitpunkt gänzlich auseinandergerissen. In Gent wird es durch Kopien von Michael Coxcie (1559) und Victor Lagye (1865) ergänzt. Lagye bekleidet Adam und Eva mit Tierfellen.

Diese "angekleideten" Kopien können noch heute im hinteren Teil der Kathedrale besichtigt werden. Es sind merkwürdige Zeugen einer eher viktorianischen Mentalität.

1914, beim Ausbruch des Ersten Weltkrieges, wurden die restlichen vier zentralen Tafeln in Sicherheit gebracht und 1918 wieder aufgestellt. Infolge des Versailler Vertrages mußten die Deutschen die sechs Berliner Tafeln der Seitenflügel zurückgeben und nach Brüssel bringen lassen. Das vollständige Retabel wird nun in Brüssel wieder zusammengefügt und ausgestellt, bevor es nach Gent zurückgebracht wird. 1920, nach mehr als einem Jahrhundert, ist der Altar wieder vollständig und kann an seinem ursprünglichen Standort bewundert werden.

1934, in der Nacht vom 10. auf den 11. April, wurde eine der in Berlin durchgesägten Tafeln gestohlen. Sie zeigt Johannes den Täufer auf der Außen- und die "gerechten Richter" auf der Innenseite. Der Dieb (oder der Hehler) unterschrieb die Briefe mit der Lösegeldforderung an den Bischof mit den Initialen "D. U. A". Die Bedeutung dieser Buchstaben kann man bis heute, trotz Hunderter Vermutungen, nicht deuten. Um zu beweisen, daß er wirklich im Besitz der Tafeln war, gab "D. U. A." das Bild mit Johannes dem Täufer zurück. Es wurde in einem Gepäckdepot des Brüsseler Nordbahnhofs gefunden. Die Darstellung der "gerechten Richter" hielt er weiter versteckt. Obwohl man glaubt, den Namen des Diebes oder des Erpressers seit seinem plötzlichen Tod im November 1934 zu kennen - Arsène Goedertier aus Wetteren, einer Gemeinde in der Provinz Ostflandern - ist die Tafel trotz intensiver Suche noch immer verschwunden. An ihrer Stelle hängt jetzt eine moderne, gut gelungene Kopie von J. van der Veken, einem Maler, der 1936/37 bereits an den Adam- und Eva-Tafeln gearbeitet hatte.

Über den Diebstahl der "gerechten Richter" ist natürlich viel spekuliert worden, angefangen bei sehr ernsthaften und präzisen Hypothesen, bis hin zu Phantastereien. Es bleibt jedenfalls ein Diebstahl, der die Fantasie anregt, und auch heute noch ranken sich immer wieder neue Geschichten um das Rätsel. Pendler und Hellseher haben sich an der Lösung versucht, ja sogar Tempelritter - und Rosenkreuzergeschichten queren den Pfad des Suchers... Wer aber auf dem nüchternen Boden der Tatsachen bleibt, für den ist die realistische Suche nach der Tafel schon spannend genug. In ihrem Verlauf gab es nicht nur viele verdienstvolle Nachforschungen, sondern auch Fehler, Irrtümer und unerwartete Wendungen. Doch ein wirklich positives Ergebnis steht bislang leider noch aus. Die ganze Angelegenheit ist in Gent zu einem romantischen, bisher ungelösten Thriller geworden, der weiterhin die Gemüter bewegt. Ob das Original wohl jemals wieder ans Tageslicht kommen wird?

1940, zu Beginn des Zweiten Weltkrieges, wurde der Altaraufsatz nach Pau in den Pyrenäen gebracht und dort im Schloß Heinrichs IV. versteckt. 1942 nahmen ihn aber die deutschen Besatzer (die in Gent ebenfalls erfolglos nach der gestohlenen Tafel suchten) mit nach Schloß Neuschwanstein in Bayern. 1944 landete das Retabel in einem Salzstock bei Alt Aussee in Österreich. Dort wurde es im Mai 1945 entdeckt und zusammen mit 7000 anderen Kunstschätzen gerettet. Über München und Brüssel kehrte es wieder an sein eigentliches Domizil in Gent zurück. 1950/51 wurde das Gemälde gründlich untersucht, restauriert und konserviert.

Das vorläufig letzte wichtige Datum in der Geschichte des Genter Altares schreiben wir im Jahre 1986. Aus Sicherheits- und Konservierungsgründen zog der Altar am 11. Juli, nach langen Diskussionen, von seinem ursprünglichen Standort, der Vijdkapelle, in die Taufkapelle (die sogenannte "De-Villa-Kapelle") im hinteren Teil der Kathedrale um, die speziell für dieses Meisterwerk umgebaut worden war. Geschützt durch ein Gehäuse aus kugelsicherem Glas, ist nun der geöffnete Altar jederzeit in seiner ganzen Pracht zu sehen. Obwohl wirklich Maßnahmen ergriffen werden mußten, um das unschätzbar wertvolle Werk zu schützen - 1978 war die Tafel mit Johannes dem Täufer herabgefallen und beschädigt worden - bleibt die Verlegung in die Taufkapelle ein von vielen abgelehnter Eingriff. Neben der Tatsache, daß der Altar in seiner Schutzhülle nicht mehr geschlossen werden kann, wird vor allem das getönte Glas als störend empfunden. Auch fehlt es an dem nötigen Freiraum, um das Werk in ausreichendem Abstand betrachten zu können.

ERLÄUTERUNGEN ZUR BEZEICHNUNG "LAMM GOTTES"

Das Polyptychon der Genter Kathedrale trägt den Titel: "Anbetung des Lamm Gottes". Die Anbetung des Lammes bildet das Thema der zentralen Tafel. Viele der heutigen Bewunderer des Retabels gehören einer anderen Glaubensgemeinschaft an und haben nicht den kulturellen Hintergrund des Christentums; deshalb ist es zweckmäßig, einige Erläuterungen zur Thematik und zur Darstellung zu geben.

Auf der zentralen Tafel sieht man ein Lamm auf einem Altar stehen. Es ist geschlachtet: aus einer Brustwunde spritzt Blut, das in einem Kelch aufgefangen wird. Um den Kopf des Lammes sieht man einen Strahlenkranz in Kreuzform.

Das "Lamm Gottes" ist ein Symbol für Jesus Christus. Nach dem christlichen Glaubensbekenntnis ist Jesus Christus der Messias, Gott und Mensch zugleich, der durch seinen Tod am Kreuz und seine Auferstehung die Menschheit von ihren Sünden erlöst und gerettet hat. Er ist der Vermittler zwischen Gott und den Menschen, der das Eingangstor zum ewigen Leben geöffnet hat. Durch sein Wort und sein Vorbild hat er den Menschen den Weg gezeigt, wie sie durch Liebe und Gerechtigkeit in das "Himmlische Reich" eintreten können.

Die Darstellung Jesu Christi als Opferlamm stammt unmittelbar aus dem Neuen Testament [6], denn die große "Vision des Lammes" im Buch des Evangelisten Johannes, in der "Apokalypse", besser bekannt als "Offenbarung", beginnt mit folgenden Worten: "Dann sah ich zwischen dem Thron mit den vier Tieren und dem Kreis der Ältesten ein Lamm, stehend, wie geschlachtet... " (Apk 5, 6). Daß es geschlachtet wurde, deutet auf den Kreuztod Christi hin, daß es aufrecht steht, symbolisiert die Auferstehung: Christus lebt.

Auch im Johannes-Evangelium findet sich dieses Bild. Johannes der Täufer spricht zu seinen Jüngern: "Sehet das Lamm Gottes."

Es ist nicht leicht, die genaue Bedeutung der Symbolik des Lammes im Zusammenhang mit Jesus Christus zu erklären. Verschiedene Themen, die wahrscheinlich alle dem Alten Testament entnommen wurden, spielen hier mit hinein. Die wichtigsten symbolischen Motive sind:

Das Bild des "Lamm Gottes" kann auf das jüdische Osterlamm hinweisen. In der Bibel wird das Ritual des alten Osterfestes (Pesach) beschrieben, bei dem ein Lamm gegessen wird. Siehe Exodus 12, wo Moses genaue Vorschriften für die Feier festlegt. Das Essen des Osterlammes steht im Zusammenhang mit der Gedenkfeier zur Befreiung, zum Auszug des israelischen Volkes aus Ägypten: Die Kinder Israels sind von Gott aus der Sklaverei erlöst und in das "Gelobte Land" geführt worden. Jesus ist während der Osterfeier in Jerusalem gekreuzigt worden. Einer wichtigen Tradition zufolge war das "Letzte Abendmahl Christi", das heißt, das Abschiedsmahl mit seinen Jüngern, ein Ostermahl. Die Christen haben jedenfalls schon sehr früh den Kreuzestod Christi in engen Zusammenhang mit dem Osterfest gebracht, und deshalb ist das wichtigste Fest in der Katholischen Kirche auch Ostern. Christus, der durch seinen Tod am Kreuz die Welt aus der Sklaverei von Erbsünde und Tod befreit hat, wird deshalb mit der Symbolik des Osterlammes verbunden. Auf sehr vielen christlichen Altären und Kommunionbänken ist dieses Bild zu finden, das sich auch in der Eucharistiefeier widerspiegelt[7].

Ein weiteres symbolisches Motiv finden wir in den prophetischen Büchern des Alten Testamentes. Der Prophet Jeremia vergleicht sich mit einem "unschuldigen Lamm, das zum Schlachten geführt wird" (Jer. 11,19). Dieser Prophet, der viele Anfeindungen und Verfolgung erdulden mußte, wird wegen seines unschuldigen Leidens in der christlichen Tradition oft wie ein Urbild von Christus gesehen. Noch deutlicher ist das Motiv bei Jesaia 53. Der Prophet schildert in einem Gedicht die Gestalt des auserwählten "Dieners von Jahweh", der für das Wohl des Volkes leiden wird: "Wahrlich, es waren unsere Leiden, die er auf sich nahm und unsere Schmerzen, die er getragen hat... Er wurde wegen unserer Aufsässigkeit durchstochen und wegen unserer Sünden gebrochen... . Er wurde gefoltert und tief erniedrigt, aber er hat geschwiegen, wie ein Lamm, das zur Schlachtbank geführt wird". Dieser Text von Jesaia wurde von den Christen von Anfang an sehr konkret auf Christus bezogen, der sein Leben für die Seinen gegeben hatte.

Ein drittes Motiv schließlich stammt nicht aus der Symbolik des Lammes, sondern aus dem Ritual des "Sündenbockes" beim "Versöhnungstag" (hebräisch: Jom Kippur), einem hohen jüdischen Fest. Dieses Ritual wird im 16. Kapitel des 3. Buches Mose "Levitikus" beschrieben. In einer feierlichen liturgischen Handlung legt der Hohe Priester die Hand auf den Kopf eines Bockes, während er seine Sünden und die seines Volkes bekennt. Dieser "Sündenbock" wird dann unter Begleitung in die Wüste geschickt und "trägt die Sünden des Volkes" mit sich. Das Thema des "Sündenbockes" wurde in der christlichen Tradition auf das Lamm übertragen. Während jeder Abendmahlfeier wird noch heute gebetet: "Lamm Gottes, das hinwegnimmt die Sünden der Welt". Die Verbindung der beiden Motive spiegelt sich in den Eingangsworten der Eucharistie wider, eingedenk des letzten Abendmahles, das Christi mit seinen Jünger feierte. Christus sagt, daß sein Blut für die Sünden der Menschen vergossen wird. Diese Worte werden immer noch auf dem Höhepunkt der Eucharistie, bei der Wandlung von Brot und Wein, wiederholt: "Dies ist mein Blut, das für euch und für alle Menschen vergossen wird".

Ostern als Sinnbild der Befreiung, unschuldiges und stellvertretendes Leiden, Hinwegnahme der Sünden: das sind die wichtigsten Bedeutungsfelder in der Symbolik des "Lamm Gottes".

ARBEITSWEISE, KENNZEICHNUNG UND ALLGEMEINE WÜRDIGUNG DES WERKES

In allen erdenklichen Variationen haben Kunsthistoriker schon bestätigt, daß die Blütezeit der spätmittelalterlichen Malerei mit dem "Lamm Gottes" beginnt. Das Werk ist und bleibt für alle Zeiten ein Triumph der Malerei. Niemand bleibt unberührt, wenn er die großzügige, symmetrische Komposition mit der überwältigenden Intensität der Farben betrachtet, von der eine erhabene Ruhe ausgeht. Auch wer nichts von Malerei versteht, wird davon in den Bann gezogen. Aber auch der größte Kunstkenner und selbst der kreative Künstler wird das Geheimnis dieser Schönheit nie völlig erklären können. Van Eyck besitzt die außergewöhnliche Gabe, sowohl den Laien als auch den Fachmann ästhetisch anzusprechen und zu erfreuen.

Bemerkenswert ist auch die - für die damalige Zeit außergewöhnliche - Größe des Altares. Mit einer bemalten Fläche von mehr als 25 Quadratmetern entspricht das "Lamm Gottes" quantitativ ungefähr 85 Prozent aller sonst noch bekannten Arbeiten van Eycks. Das heißt, daß alle anderen Werke, die von Johannes van Eyck noch existieren, in ihrer Gesamtheit nur ein Fünftel des Genter Altares einnehmen würden. Zu seiner Zeit, als große Flächen nur in Fresken zu finden waren und sich andere Maltechniken eher auf Buchillustrationen, Portraits und vor allem auf viel kleinere Altäre beschränkten, muß das großzügige Format des "Lamm Gottes" van Eycks Zeitgenossen tief beeindruckt und damit nicht wenig zu seinem Ruf beigetragen haben. Die Zeiten der riesigen Leinwände der Barockzeit und späterer Epochen waren 1432 noch lange nicht angebrochen.

Der Maler ist fasziniert von einer Vielfalt exotischer Kopfbedeckungen. Das Buch Apokalypse spricht von einer ganzen Menschenschar "aus allen Völkern und Rassen und Sprachen ...", die sich vor den Thron des Lammes versammelt. Die Universalität von Johannes' Vision kommt hier zum Ausdruck, ohne Worte jedoch. Dieses Motiv nimmt der Künstler zum Anlaß, wie ein Kind, mit verschiedenen Farben und Formen zu spielen.

Was die Arbeitsweise des Künstlers angeht, so können wir sie nicht besser beschreiben als mit einem Zitat aus der prachtvollen Broschüre von A. L. Dierick: "Das Retabel vom Lamm Gottes wurde auf Eichenholz gemalt. Für die großen Tafeln wurden verschiedene Bretter zusammengefügt, was später Anlaß zur Beschädigung des gemalten Werkes gab. Das Holz wurde sorgfältig glatt geschliffen und mehrmals mit einer Emulsion aus Kreidepulver in Leim bedeckt. Nach dem Trocknen war diese Schicht steinhart und sie machte die Holzstruktur völlig unsichtbar. Die beim Malen als Grundschicht benutzte Oberfläche kann man am besten mit weißglänzendem Elfenbein vergleichen. Nach der vorausgehenden Zeichnung wurde hierauf mit sehr feinen Pinseln eine Farbschicht nach der anderen aufgetragen. Diese Farbschichten bestanden aus trocknendem Öl, in dem Pigmentkörner in ziemlich geringer Menge aufgelöst waren. Die Schichten blieben in hohem Maße transparent: das Licht dringt hindurch und wird von dem weißen Hintergrund reflektiert. Es ist, als ob eine sanfte Lichtquelle sich hinter dem Gemälde befindet und es durchstrahlt. Aus diesem Grunde ist es verständlich, daß jede Reproduktion weit hinter dem Original zurückbleibt: sie soll nur dazu anregen, das Original zu besichtigen"[8].

Wiedergabe der Perspektive und Übergang vom Licht zum Schatten. Es ist überraschend, wie sehr die Fliesenböden den eher flachen Tafeln der singenden und musizierenden Engel Tiefenwirkung verleihen. Dazu bilden die Böden auch noch ein interessantes Beispiel dafür, wie Van Eyck auf dezente Art und Weise das Retabel mit Texten versieht, die die Bedeutung des Dargestellten erläutern sollen. Wir sehen zwei Sorten Fliesen, die eine zeigt ein regelmäßig wiederholtes, stilisiertes Blatt- und Blumenmuster im Viererverband, die andere gibt Muster, Monogramme und Sigel wieder, die sich auf die Thematik des Retabels beziehen. Das Lamm, stehend und mit einer Kreuzstandarte dargestellt, ist das Zeichen des Sieges des auferstandenen Christus. Im Jesusmonogramm IHS auf der Tafel der singenden Engel hat der Maler (oder ein Restaurator?) wohl einen kleinen Fehler begangen, und so lesen wir auf einer der Fliesen IHB. In gotischer Schrift gleichen sich ein S und ein B tatsächlich sehr.

Die erstaunliche Frische, in der die Farben des "Lamm Gottes" noch immer leuchten, hat jahrhundertelang Fragen nach dem "Geheimnis van Eyck" aufgeworfen. Die ungewöhnliche Art, in der die Leinölfarbe behandelt wurde, ließ, wie schon erwähnt, die Sage entstehen, daß van Eyck die Technik des Malens mit Ölfarben erfunden habe. Ein falsch interpretierter Text des italienischen Autors Giorgio Vasari in seinem Buch "Lebensgeschichten der namhaftesten italienischen Architekten, Maler und Bildhauer" (1550) hat dazu beigetragen, diesen Mythos aufrechtzuerhalten. Bevor die Ölfarbe in Gebrauch kam, wurde mit Tempera gemalt, das heißt, die Farbe wurde mit Wasser und Eiweiß gemischt. Auf diese Weise entstanden mattere Farben, die schnell rissig wurden. Die Handhabung der Ölfarbe, die den Farben viel mehr Tiefe und Glanz verlieh, wurde von van Eyck zwar nicht erfunden, aber perfektioniert. Seine Tafeln dunkelten nicht nach und vergilbten nicht, und sie wurden auch nicht rissig. Seine präzise Arbeitsweise mit Ölfarben blieb bis vor kurzem ein Rätsel. In den Jahren nach 1990 haben der Leidener Kunsthistoriker Pim Brinkman und der Kunstmaler Evert Thielen eine Anzahl bemerkenswerter Experimente gemacht, nach denen man jetzt glaubt, die Lösung gefunden zu haben: Van Eyck vermischte gekochtes Leinöl mit Blei, und trug diese Masse zuerst als Isolierschicht über der Grundierung auf. Die Isolierschicht wurde nicht von der Grundierung aufgesogen, sondern überzog sie wie eine Art Film. Durch dieses Verfahren wurde auch die eigentliche Farbe von der unteren Schicht nicht absorbiert, und so erzielte der Maler diesen eigentümlichen Glanz, den seine Gemälde bis heute ausstrahlen. Darüber hinaus verwendete van Eyck auch noch Eiweiß als Bestandteil der Emulsion und Terpentin als Verdünner[9].

Andrea de Kegel schreibt mit Recht: "Der Beitrag von Hubrecht und Jan van Eyck auf dem Gebiet der Malkunst war von außergewöhnlicher Bedeutung, sowohl auf dem Gebiet der Technik als auch auf dem der künstlerischen Auffassungen, die Anfang des 15. Jahrhunderts von beiden Künstlern wesentlich verändert

wurden. Sie führten eine bedeutende Verbesserung in der Anwendung der Ölfarben-Technik ein. Sie brachen außerdem radikal mit dem ausschließlich dekorativen Gebrauch der Farben. Durch Einbringung von Zwischentönen und Milderung der Übergänge von Licht und Schatten verstärkten sie die plastische Wirkung, das Volumen und den Raum. Die Brüder van Eyck entdeckten auch, daß Farbabstufungen in der Natur von dem Material der Gegenstände und von dem Grad der Beleuchtung bestimmt werden. Sie begriffen, daß die Farbe immer mehr an Intensität verliert, je weiter die Gegenstände vom Auge des Betrachters entfernt sind. So gelang es ihnen, das wesentliche Element der perspektivischen Darstellung der Natur, das Raumgefühl, in die Malerei einzuführen. Alle diese neuen Erkenntnisse, die reichlich in das Retabel eingeflossen sind, bilden ein Kompendium der Kenntnisse, das die Malerei einen entscheidenden Schritt vorangebracht hat"[10].

Vom historischen Standpunkt aus ist das "Lamm Gottes" ein Zeitdokument, das zahlreiche Informationen über die burgundische Kultur, die damalige häusliche Einrichtung und Architektur, die reiche bürgerliche und fürstliche Kleidung, die liturgischen Gewändern, Kopfbedeckungen, Rüstungen, Musikinstrumenten und weiteres mehr enthält. Es wirkt wie ein imaginäres Museum, ausgestattet mit Gegenständen aus burgundischer Zeit. Das Retabel spiegelt übrigens den Geist der Kreise wider, in denen sich die Familie van Eyck bewegte: wohlhabendes Bürgertum und fürstliche Höfe. Die Welt der Unbedeutenden, der Armen und der kleinen Leute muß man in diesem Werk der Verherrlichung Christi nicht suchen. Kunst hat einen anderen Ethos.

Das "Lamm Gottes" stellt aber auch, und das ist noch viel wichtiger, eine bildhafte Synthese dar. Es enthält eine Summe verschiedener Gattungen der Kunstmalerei. So findet man unter anderem Anatomiestudien und Portraits, Ansichten von Landschaften und Städten sowie Grisaille, Architekturmalerei, perspektivische Studien und Trompe-l'oeil ("Augentäuschung").

Die griechischen Buchstaben Alpha (α) und Omega (Ω), die im Buch Apokalypse, gedeutet als Anfang und Ende, auf Christus hinweisen. Das M in gotischer Schrift für Maria.
Weiterhin die ziemlich rätselhafte Inschrift AGLA, die wir höchstwahrscheinlich den Anfangsbuchstaben einer hebräischen Formel zuordnen können: "Attha Gibbor Leolam Adonaj - Herr, Du bist stark in aller Ewigkeit". Dieselbe Inschrift sehen wir auch auf dem horizontalen Band des roten Kreuzes, das über den Schild eines der Ritter Christi verläuft. Es gibt außerdem eine kaum leserliche Buchstabenkombination, in der einige den Namen VEYCK wiederzuerkennen glauben. Eine Signatur ...?

Die toten Gegenstände verleihen dem Bild Leben. Van Eyck hat es verstanden, die paradoxe Kraft eines Stillebens zu erfassen. Auffallend ist auch der Effekt, der hier vom Lichteinfall hervorgerufen wird. Auf dem ganzen Retabel sind Licht und Schatten auf den Lichteinfall durch das Glasfenster der Vijd-Kapelle, in der das Retabel aufgestellt war, abgestimmt. Sogar die kleine Marmorsäule in der Fensteröffnung auf Tafel 18 wird aus dieser Richtung beleuchtet, trotz des blauen Himmels draußen. Es gibt nur eine Ausnahme: Im Zimmerchen hinter der Marienfigur fällt das Sonnenlicht von draußen auf die Wand und, durch die Karaffe reflektiert, auf die Fensterbank, also aus einer anderen Richtung als sonst im Retabel. Später wird in Italien Piero della Francesca, auf der Höhe der Renaissance, in seinen Experimenten mit unterschiedlichen Lichteinfällen innerhalb ein und derselben Komposition ("Die Geißelung Christi") noch viel weiter gehen. Das dezente Lichtspiel beim "Genter Altar" läßt aber schon die persönlichen Ansprüche und die künstlerische Freiheit des genialen Malers ahnen.

Man kann endlos über die Frage diskutieren, ob der Genter Altar nun einen Anfangs- oder Endpunkt darstellt. Die Diskussion kann mit der über Johann Sebastian Bach verglichen werden. Ihn kann man nicht zu den revolutionären Wegbereitern in der Musik rechnen, im Gegensatz zu jemandem wie Arnold Schönberg. Bachs Werk bildet eher eine Synthese aller musikalischen Gattungen seiner Zeit, mit Ausnahme der Oper, die er bis zu einem bis dahin unübertroffenen Höhepunkt der Perfektion und Ausdrucksmöglichkeiten führte. Nach Bach konnte der Fuge kein neuer Aspekt mehr abgewonnen werden, es sei denn, daß man dabei radikal neue Wege einschlug. In diesem Sinne bildet Bachs Werk eher den Abschluß einer Periode. Aber seine Genialität ist so einmalig, seine Synthese so meisterhaft, daß er einen gewaltigen Einfluß auf seine Nachfolger ausübte und dadurch eben auch neue Entwicklungen inspirierte. Tatsache ist, daß er eine musikalische Periode abschloß und damit die Kreativität der ihm nachfolgenden Komponisten - angefangen bei seinen Söhnen - in andere Bahnen zwang. Van Eycks "Lamm

Gottes" kann man mehr oder weniger damit vergleichen. Das Werk bildet eine Synthese der mittelalterlichen, gotischen Welt in dieser Gegend. Gestalterisch in diese Richtung weiterzugehen, ist eigentlich nicht mehr möglich. Aber gerade die Art und Weise, in der van Eyck alle früheren Errungenschaften übertrifft und zur Vollendung bringt, macht ihn zum Erneuerer. Das Genie ist durch sich selbst neu, und nach van Eyck konnte niemand mehr die Wirklichkeit mit den selben Augen betrachten wie zuvor.

In verschiedenen Punkten scheint der Altaraufsatz einen Übergang von der spätgotischen Wahrnehmung der Welt hin zur Vorstellungswelt der Renaissance anzukündigen. Gegenüber älteren Retabeln ist das "Lamm Gottes" gekennzeichnet durch einen deutlichen Fortschritt in der perspektivischen Darstellung und der Dreidimensionalität. Erkennbar ist dies an verschiedenen Tafeln: an dem Hintergrund der Marien-Darstellung oder an dem Engel in der Verkündigungsszene, am Waschbecken oder an dem Fußboden auf dem geöffneten Flügel, an der Landschaft, in der sich, obwohl sie noch einen zu hohen Horizont hat, schon die späteren Fernsichten ankündigen, an den Heiligengruppen und so weiter. Das wissenschaftlich anmutende Interesse an der Natur läßt auch an die Renaissance denken. Die Bemühung, zum Beispiel 42 verschiedene Pflanzengattungen exakt und identifizierbar darzustellen [11], gehört in eine andere Interessenssphäre als in die des religiösen Mittelalters. Eine derartige Vorgehensweise weckt Assoziationen zu Leonardo da Vinci. Es scheint, als habe van Eyck sich seiner Umgebung schon mit experimentellem Interesse genähert. Der Begriff "Renaissance" läßt vielleicht schon etwas zu stark an Italien denken. Das haben wir damit nicht beabsichtigt. Wir möchten van Eyck keine speziellen italienischen Einflüsse unterstellen. Seine Mentalität ist auch nicht die des italienischen Erneuerungssturmes. Man darf aber auch nicht vergessen, daß Westeuropa schon im 13. und 14. Jahrhundert Roger Bacon und Wilhelm von Ockham kannte, die den Empirismus vorbereitet hatten, und daß zur Zeit der van Eycks an den Universitäten schon der Morgen des Humanismus anbrach.

Nichts entgeht dem aufmerksamen Auge von van Eyck. Der Saphir in der Mantelagraffe spiegelt, mit Lichtbrechung, das ganze gegenübergelegene Glasfensters der Vijd-Kapelle wider.

Außerordentlich schön ist auch die Darstellung des Stoffes und der üppigen Form der roten Samtquasten mit goldenem Kreuz. Wiederum ist die malerische Anordnung meisterhaft: eine rote Quaste genau in der Mitte eines tiefgrünen, vom Tuch gebildeten Hintergrunds. Das kleine Kreuz ist wie ein Glutfunke, ein Lichtpunkt, der die Schatten noch extra betont.

Die Wiedergabe des Materials ist eine der verblüffendsten Fähigkeiten van Eycks. Ob er Goldbrokat oder Wolltuch malte, Holz oder Kristall, Perlen oder Edelsteine, eine Kanne oder einen Kerzenhalter aus Kupfer, Orgelpfeifen aus Zinn, glänzende Harnische oder aufgezäumte Pferde, Blumen, Kräuter oder verwitterte Felsen, seine Kunst läßt den Betrachter in stiller Bewunderung verstummen. Van Eyck zeigt eine Leidenschaft für die, sogar bis ins kleinste Detail genaue, Wiedergabe der Wirklichkeit, die an die scheinbare Nutzlosigkeit unzähliger, kaum wahrnehmbarer Einzelheiten an den Plastiken und Chorgestühlen in spätmittelalterlichen Kathedralen denken läßt. Wem fällt schon auf, daß der Künstler in jenen Saphir, der die Mantelagraffe des vorderen singenden Engels auf der zweiten Tafel schmückt, das Spiegelbild des ganzen Fensters der Vijdkapelle gemalt hat? Erst mit modernen Vergrößerungstechniken ist dieses Detail entdeckt worden. Wer wird bemerken, wie die Lichtspiegelung in der halbvollen Karaffe auf der Fensterbank im Raum hinter Mariä Verkündigung eingefangen wurde? Wir sind noch meilenweit von der Barockmalerei entfernt, die den Bildhintergrund vernachlässigte, in der Annahme, der Betrachter würde ihn sowieso nicht beachten. Van Eycks Interesse gilt nicht nur dem, was er zeigen will. Aus seinem Werk spricht die reine Faszination für das, was ist und was er selbst sieht.

Der Genter Altar ist durchaus "irdisch", in einem ungleich höheren Maße, als dies beispielsweise auf Fra Angelico oder Memling zutrifft. Ich meine damit noch nicht einmal so sehr die Aura von üppigem Reichtum, die das Retabel ausstrahlt - das Adjektiv "*ätherisch*" trifft nicht auf den Genter Altar zu -, sondern mehr die Tatsache, daß das Kunstwerk ein lebhaftes Interesse für die uns umgebende, diesseitige Welt verrät. Auch dieser Aspekt weist schon, obwohl noch ganz der Gotik verhaftet, auf die Atmosphäre der herannahenden Renaissance hin. Die Leidenschaft für alles das, was mit den Sinnen erfahrbar ist, erreicht ihren Höhepunkt. In dieser Hinsicht ist das Werk äußerst "sinnlich", und auch deshalb Ausdruck allerhöchster Kunst, die erforderlich ist, um den Geist und die Seele in der Materie Gestalt annehmen und durch sie sprechen zu lassen. Viele Gemälde bleiben hinter der sinnlichen wahrnehmbaren Wirklichkeit zurück und bleiben deshalb oberflächlich, auch wenn sie technisch tadellos und naturgetreu ausgeführt sind. Van Eyck sieht das Gebäude, den Strauch, das Waschbecken, die samtene Quaste usw... Er ist davon bezaubert und besitzt die Fähigkeit, die Seele dieser Dinge auszudrücken und eben nicht nur deren stoffliche Beschaffenheit. Van Eyck sieht in dieser Welt auch den Menschen, und er studiert und respektiert auch seine Körperlichkeit. Ein weiterer Aspekt, der ihn in die Nähe der Renaissance rückt.

Die Schöpfer des "Lamm Gottes" besitzen nicht nur die meisterhafte Perfektion der Illustratoren, die die Dinge realistisch darstellen. So groß ihre technische Virtuosität auch ist, die van Eycks illustrieren eben nicht nur, sie gehen weit darüber hinaus. Wer das "Lamm Gottes" betrachtet, wird überwältigt von einer tiefen Ehrfurcht. Der Betrachter wird vom Mysterium der Kontemplation ergriffen. Van Eyck sieht nicht allein das äußere Erscheinungsbild. Es ist, als ob er die Oberfläche, an der das Auge sonst hängenbleibt, entfernte und so den Blick in die Tiefe ermöglichte, wodurch man sozusagen dem Wesen des Stoffes begegnet. Damit enthält sich seine Kunst völlig eines rein dokumentarisch-photographischen Realismus', in der glei-

chen Weise, wie es zwei Jahrhunderte später Johannes Vermeer tun wird, ganz anders und doch völlig gleich. Das konkrete Ding existiert nicht um seiner selbst willen. Wie alle großen bildenden Künstler ist auch van Eyck ein Meister der Abstraktion. Paradox genug, aber man könnte sagen, daß der Maler diese Abstraktion nicht dadurch erreicht, daß er sich dem Stofflichen entzieht, sondern, weil er im Gegenteil, in die Materie eintaucht und unter der Oberfläche ihre innere Essenz ausgräbt. Gerade seine Nähe zur Wissenschaft bringt den Abstand, der nötig ist, um zu solchen Erkenntnissen zu kommen. Die kartesianische Trennung zwischen dem Ich und der Ausdehnung ist hier nicht spürbar. Es gibt nicht die Kantsche Dualität zwischen dem "Ding an sich" und dem "Ding für mich". Es ist, als ob es van Eyck (unbewußt?) gelänge, das "an sich" von dem zu offenbaren, was sich als Phänomen dem Auge zeigt. Nirgendwo anders als beim Genter Altar kann man in Wahrheit entdecken, was die "Seele der Materie" bedeutet. Van Eyck scheint mit leidenschaftlichem Wissensdurst die Eigenart jedes Stückchens Materie durchschauen zu wollen: Was macht einen Rubin zum Rubin? Warum "lebt" Brokat ganz anders als Wolle oder Wolltuch, Holz anders als Leder, Kupfer anders als Zinn? M. Friedländer spricht über die "glühende Verzückung und Begeisterung" des Malers über die Materie. Sollten wir vielleicht das Wort "Liebe" verwenden? Der Mensch, der liebt, will in das Mysterium des anderen eindringen, mit tiefem Respekt für dessen Eigenart und Unantastbarkeit. Van Eycks Annäherung an die materielle Wirklichkeit ist sehr gut damit vergleichbar. Verstand, Technik, Wissenschaft, Gefühl und Liebe kann man hier nicht mehr unterscheiden. Es ist, als füllte ein Naturforscher aus der Renaissance seinen neugierig untersuchenden und erstaunten Blick mit der dankbaren religiösen Verwunderung über die Tatsache, daß das Gottes Schöpfung ist. Die Art und Weise, in der van Eyck Ehrfurcht und Liebe für die Tiefe der materiellen Struktur der Dinge aufbringt, ist seine persönliche Art des materiellen Erlebens, und in diesem Sinne ist der Genter Altar sicher ein gläubiges Gemälde.

Das Licht, das von der Mittelmeerlandschaft ausgeht, ist in seinem Übergang von Blau bis zu sanftem Weiß von anrührender Tiefe und Intensität. Es wird von einer Zypresse gebrochen und von Palmen gefiltert. Vögel, kleine Punkte am Himmel, verhindern, daß die Lichtfläche leblos wirkt. Es ist ein goldener Glanz, der sich über die Natur und die Figuren ausbreitet. Der tiefe Einschnitt in die Landschaft verhindert, daß der hohe Horizont der beiden Tafeln wie eine undurchdringliche Mauer wirken würde. Eine wunderschöne, fast geträumte Landschaft; die Schönheit kann man nur empfinden und still bewundern.

Van Eyck ist wohl noch seinem Wesen nach ein mittelalterlicher Mensch. Man kann nicht sagen, daß seine Betrachtungsweise anthropozentrisch ist. Er verherrlicht den menschlichen Körper nicht. Der Mensch ist bei ihm nicht das Zentrum des Kosmos. Die menschlichen Gestalten auf dem Retabel sind ebenso transparent wie alle Details der Dinge, die sie umgeben. Hinter allem verspürt man die Transzendenz. Damit steht van Eyck den Ikonen-Malern viel näher als den Idealen der Renaissance. Die leidenschaftslose Art und Weise, in der seine Gestalten daherkommen, bringt es mit sich, daß sie nicht selbst im Mittelpunkt des Interesses stehen. Jede Figur ist sozusagen in die Betrachtung ihrer eigenen inneren Welt vertieft, und die Abwesenheit von Dramatik, von Kontakt auch mit dem Betrachter - en fait, il ne se passe rien, im Grunde genommen spielt sich da nichts ab - läßt das Interesse an den einzelnen Gestalten hinter dem eigentlichen Sinn des Gemäldes zurücktreten: der Anbetung des Lammes. Darum bleibt das Retabel seinem Wesen nach theozentrisch, Gott steht im Mittelpunkt. Van Eycks Passion für das sinnlich Wahrnehmbare ist an sich schon ein Danklied an die Schöpfung und also auch an den Schöpfer. Weder Geist und Materie, noch Wissen und Glauben können hier voneinander getrennt werden.

Aus dem Genter Altar spricht das gläubige Herz eines Künstlers, der den Dingen auf den Grund geht, von großer Intelligenz und Sensibilität durchdrungen. Wer sich den Genter Altar ansieht, kann weder den Himmel gegen die Erde ausspielen, noch den Geist gegen den Stoff. So ist der Genter Altar durchaus ein Dokument seiner Zeit und strahlt zugleich Ewigkeit aus.

Die absolute technische Beherrschung seiner Kunst bringt es auch mit sich, daß van Eyck eigentlich keiner zusätzlichen Erklärungen über das Gemälde hinaus bedarf. Seine Malerei spricht für sich selbst. Wie Mozarts Musik oder Palladios Architektur enthält sie ihre eigene Erklärung. Sie ist vollkommen.

IKONOGRAPHISCHER AUFBAU DES POLYPTYCHONS

Allgemeines

Der ikonographische Aufbau des Genter Altares ist einzigartig. Damit wollen wir sagen: Etwas Vergleichbares kommt sonst nirgendwo in der Malerei vor. Man sollte dies nicht falsch verstehen. Natürlich treffen wir gleichsam alle behandelten Themen auch an anderer Stelle in der mittelalterlichen Mal- und Bildhauerkunst an: die Darstellungen von Christus, Maria und Johannes dem Täufer, Mariä Verkündigung, Propheten, Heilige, Engel, Stifter und so weiter. Van Eyck erfand hier nichts neues, sondern schöpfte aus der christlichen Tradition und aus einem bestehenden Repertoire von Figuren und Typen. Das "Lamm Gottes" ist einmalig in der Art und Weise, in der die verschiedenen Motive interpretiert und zu einem Ganzen kombiniert werden. Man kann dies mit dem einzigartigen Aufbau des Freskos von Michelangelo in der Sixtinischen Kapelle vergleichen. Die Kombination von religiösen Motiven zeigt einen so großen Reichtum und eine Verschiedenartigkeit, daß man daran gezweifelt hat, ob ursprünglich ein einheitliches Konzept zugrunde gelegen hat. Und tatsächlich kann man sich fragen, welcher Zusammenhang zwischen den obersten Figuren, die das geöffnete Retabel bevölkern, und der großen Szene um das Lamm unten besteht. Nicht nur die Proportionen der Figuren sind sehr unterschiedlich, sondern die Figuren des oberen Registers scheinen auch keinen Bezug zu dem Geschehen zu haben, das sich unten abspielt. Jedoch darf letzteres wohl vornehmlich dem undramatischen und juxtapositionellen Malstil zugeschrieben werden. Die Einheit des Konzeptes bleibt trotz aller Fragen vertretbar. Bemerkenswert ist wohl, daß van Eyck sein Retabel nicht im erzählenden Stil gemalt hat, also in der Art eines Fortsetzungsromans, wie es hier im Mittelalter gebräuchlich war, sondern daß er vielmehr auf die statische Expression zurückgegriffen hat, die man in der romanischen, mehr noch in der byzantinischen Kunst antrifft. Van Eyck war jeder anekdotischen Darstellungweise abgeneigt.

Die äußerst originelle Komposition des Werkes muß im Zusammenhang mit verschiedenen Faktoren stehen, die zum Teil womöglich nicht mehr geklärt werden können. Die Symbolik der van Eycks beschränkt sich nicht auf die allgemein behandelten und für jeden verständlichen Themen; der heutige Betrachter empfindet sie als komplex und schwierig und sogar hier und da unklar. Allerdings enthält das Polyptychon auch eine überraschend große Anzahl erklärender Texte, sowohl auf der bemalten Fläche als auch auf den Rahmen. Es handelt sich meist um lateinische Texte, in Form einer Aufschrift oder eines Spruchbandes, die die Bedeutung von Figuren und Szenen erläutern sollen. Die Texte wurden kalligraphisch so geschickt angebracht und in das Ganze integriert, wie zum Beispiel die Schriften auf der Lehne des Thrones, daß sie kaum auffallen.

Vollkommenheit gibt es nicht auf dieser Welt. Ein Künstler, sogar wenn er den Namen van Eyck trägt, ist schließlich auch nur ein Mensch, der seine Arbeit ab und zu korrigieren muß. Drei bekannte "Korrekturen" des "Genter Altars" : Ein Finger des Organisten wurde dem musikalischen Akkord angepaßt ; der vordere Riemen des Pferdegeschirrs bekam eine andere Linienführung, und am Lamm sind zwei kleine, ursprünglich gemalte Ohren übrig geblieben ... Beachten Sie das Blut, das zwischen die Vorderbeine des Lammes auf das Altartuch tropft. Ein weiteres schönes Beispiel seiner Beobachtungsgabe.

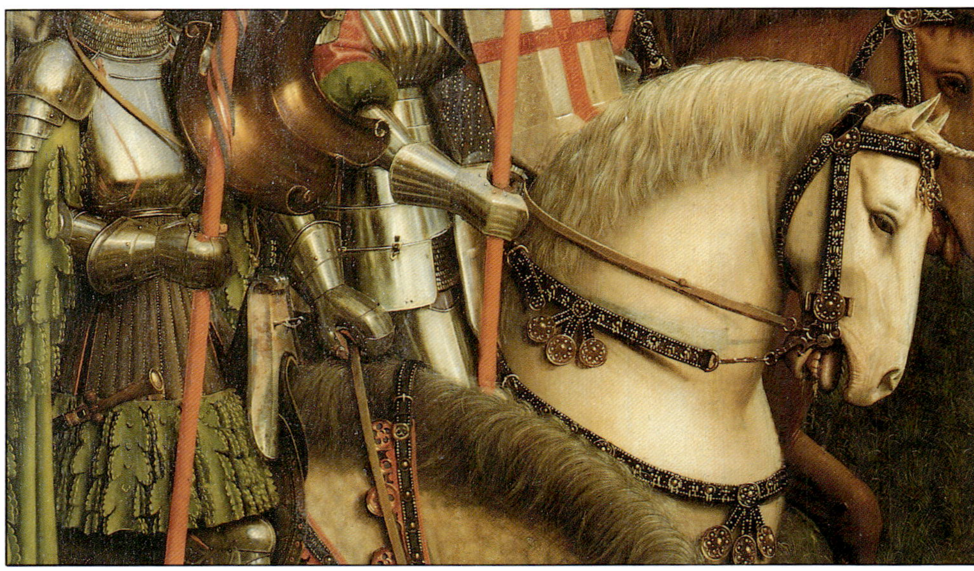

In jeder Hinsicht muß die Thematik im Zusammenhang mit dem liturgischen Zweck des Retabels verstanden werden, nämlich dem täglichen Zelebrieren der Heiligen Messe "zu Ehren Gottes, Seiner gesegneten Mutter und aller Seiner Heiligen"[12]. Jede Messe und jeder Gottesdienst ist dem katholischen Ritus zufolge das Gedenken an das Opfer Christi, durch das die sündige Menschheit erlöst wurde. Früher wurde das wie folgt formuliert: das blutige (historische) Kreuzopfer Christi wird in der Heiligen Messe auf unblutige (sakramentale) Weise vergegenwärtigt. Vielleicht bildet dieser, für den christlichen Glauben zentrale Gedanke des Gedenkens den einfachsten, Einheit schaffenden Faktor im Retabel. Die Kreuzigung Jesu selbst wird nicht dargestellt. Anscheinend wird hier auf das verwiesen, was sich während der Messe auf dem Altar selbst abspielt. Die zentrale Szene ist aber die Anbetung des geschlachteten Lammes, das Symbol für Christus, umgeben von den Instrumenten der Passion und des Todes Jesu. Auf diese Weise ist das Kreuzmysterium auf der Tafel nicht abwesend.

Als die "Gilde der Meistersinger" 1458 beim Einzug Philipps des Guten in Gent in einer Vorführung im Poel-Stadtviertel das "Lamm Gottes" darstellte, wurde es als "Chorus beatorum in sacrificium Agni Paschalis" interpretiert, was soviel bedeutet wie "Chor der Seligen für das Opfer des Osterlammes". Wir weisen darauf hin, daß die Thematik des Lammes auch von Erwägungen eingegeben worden sein kann, die mit der Kirchengemeinde zusammenhängen. Das Lamm ist übrigens auch das Attribut Johannes des Täufers, des Schutzpatrons der damaligen Sankt-Johannes-Kirche. Darüber hinaus wird Johannes der Täufer zweimal auf dem Retabel dargestellt. Das "Lamm Gottes" ist sein Merkmal. Es war übrigens St. Johannes der Täufer, der, dem vierten Evangelium zufolge, Christus gegenüber den Jüngern so bezeichnet hat (Joh. 1,36).

Es kann nicht daran gezweifelt werden, daß die Maler, an erster Stelle Hubert (?), sich bei der Wahl ihrer Ikonographie von einem oder mehreren theologischen Inspiratoren haben leiten lassen. Der erstaunliche Reichtum und die Komplexität thematischer Verbindungen weisen darauf hin. Vielleicht spielte der damalige Pfarrer der St.-Johannes-Kirche, der gelehrte Magister Johannes van Impe, hierbei als Mentor eine Rolle. Als Quelle der Ikonographie wurde natürlich vornehmlich aus der Bibel geschöpft, aber ebenso aus den Schriften der frühchristlichen Kirchenväter und der mittelalterlichen Theologen. Man denkt hier vornehmlich an Rupert von Deutz mit seinen reichen Allegorien[13]. Aber die allegorische Auslegung der Heiligen Schrift war kennzeichnend sowohl für die Kirchenväter als auch für die Menschen des Mittelalters. Wir dürfen annehmen, daß das "Lamm Gottes" einen Schatz an symbolischen und allegorischen Bezügen enthält, die uns wohl heute nicht mehr alle klar sind. Diese Tatsache muß zur Vorsicht bei der Interpretation der einzelnen Darstellungen mahnen. So hat man zum Beispiel oft behauptet, daß die Stellung von Adams rechtem Fuß einen Hinweis auf seine Austreibung aus dem Paradies beinhaltet. Derartige Deutungen können nur schwer widerlegt werden, aber sie können den Betrachter auch grenzenlos weit in die Allegorie führen, sogar in allerlei esoterische Theorien, und ihn damit am Eigentlichen vorbeigehen lassen.

Das Retabel diente zweifellos auch einem katechetischen Anliegen: der Erklärung und der Darstellung einer Reihe von Angaben über den Glauben für die Menschen, die kamen, um vor dem Retabel zu beten. Auch die zahlreichen Texte weisen in diese Richtung. Man muß außerdem berücksichtigen, daß die Texte für die einfachen Leute nicht lesbar und unverständlich waren. Sie beinhalten viele Abkürzungen, und einige sind heute noch unklar. Als Exegese des Retabels können sie nur für Gebildete und Spezialisten von Nutzen gewesen sein.

Das Retabel stellt in erster Linie die Verherrlichung der gläubigen Menschheit dar, in einer Wiedergabe, die sowohl der Heiligen Schrift - vornehmlich dem Buch der Apokalypse - als auch der Allerheiligenliturgie entnommen worden ist. In der Liturgie der Allerheiligen wird übrigens ein Text aus dem 7. Kapitel der Apokalypse gelesen. Dieser Text beschreibt die Versammlung aller Auserkorenen vor dem Thron des Lammes: 144.000 Auserkorene aus den 12 Stämmen Israels und darüber hinaus eine "unzählbare Menge aus allen Rassen, Stämmen, Völkern und Sprachen".

Der Reichtum und die Vielfalt mehrerer, mit diesem zentralen Thema verbundener Szenen lassen das Retabel auch für die Evokation anderer Momente in der kirchlichen Liturgie geeignet erscheinen. Die Ankündigung der Geburt Christi auf dem geschlossenen Flügel kann sowohl auf das betreffende Fest im kirchlichen Jahr als auch auf die Weihnachtszeit verweisen. Die gesamte Osterzeit (Auferstehung und Verherrlichung Christi) mit der Passion (Leiden und Tod) wird auf den zentralen Tafeln zum Ausdruck gebracht. Weiter werden thematisch auch Pfingsten (Heiliger Geist) und die Dreieinigkeit behandelt. Letzten Endes kommt auch die im Mittelalter so wichtige Verehrung von Engeln, Heiligen und Märtyrern im Genter Altar zum Ausdruck. Aber alle dargestellten Szenen stehen innerhalb der Komposition des Werkes allein im Dienste der Wiedergabe des umfassenden Erlösungsmysteriums.

Dies möchten wir nun anhand der einzelnen Bilder zeigen.

Kurze Zusammenfassung der Szenen

DAS GEÖFFNETE POLYPTYCHON[14]

1. Adam; 1B: Das Opfer von Kain und Abel
2. Singende Engel
3. Maria, Königin des Himmels
4. Der verherrlichte Christus auf dem Thron (oder: Gott?)
5. Johannes der Täufer, Vorgänger Christi
6. Musizierende Engel
7. Eva; 7B: Kain tötet seinen Bruder Abel
8. Die "Gerechten Richter" (Kopie)
9. Die Streiter Christi
10. Die Anbetung des "Lamm Gottes". Gruppen A bis F
11. Die Eremiten
12. Die Pilger

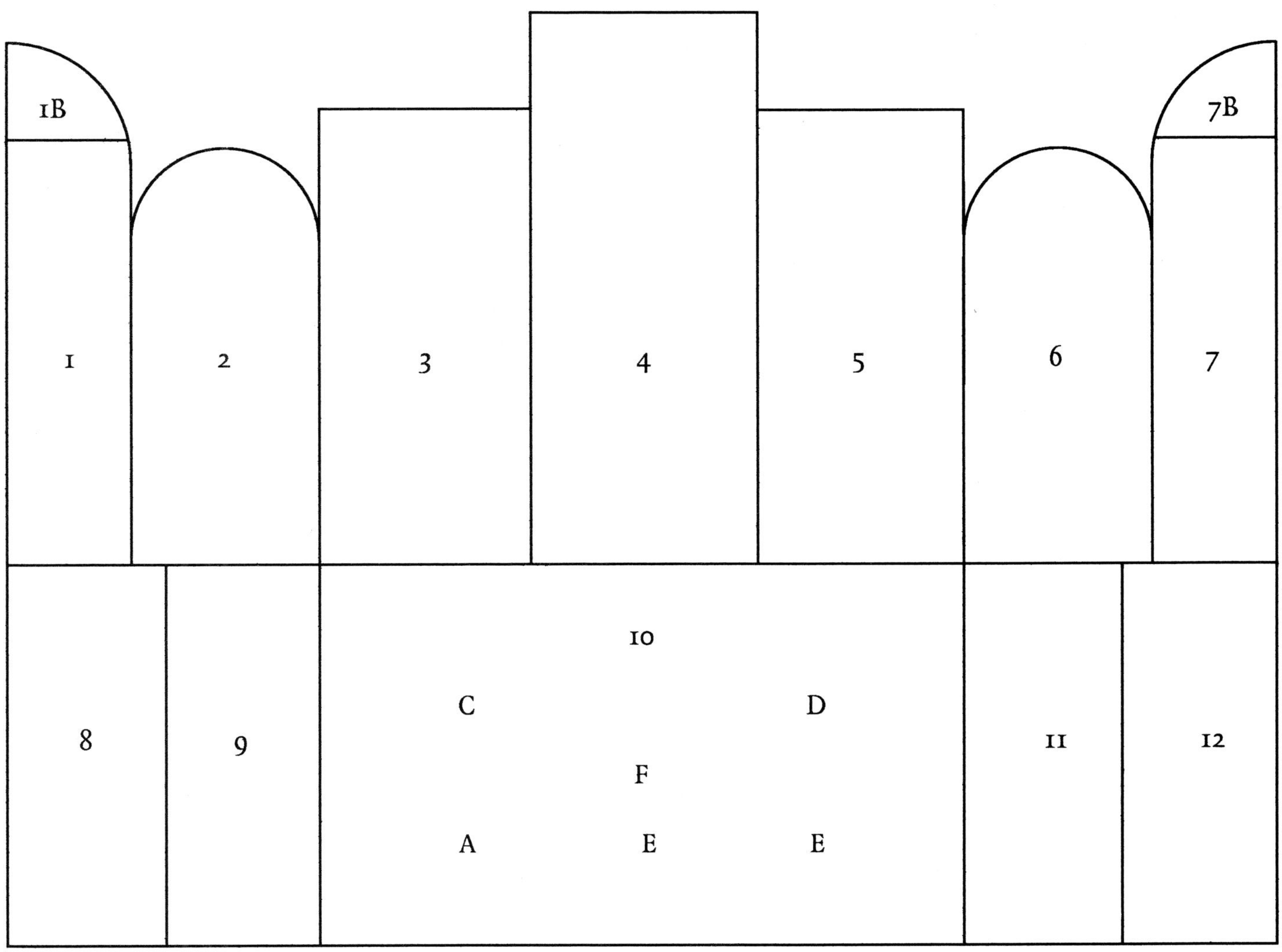

ADAM

EVA
Van Eyck 1432

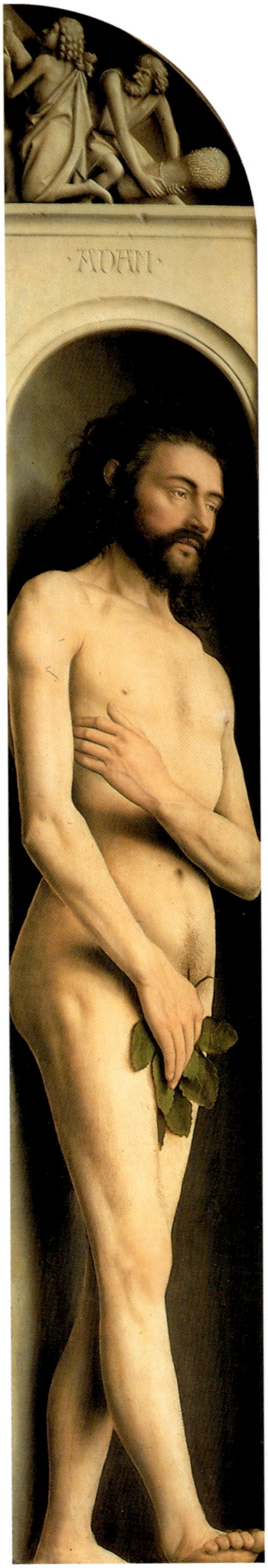

OBERES REGISTER

Man könnte dieses Register als den "himmlischen Hofstaat" zusammenfassen, flankiert von den Stammeltern der Menschheit, Adam und Eva.

Tafeln 1 und 7
Auf den Tafeln 1 und 7 stehen sich Adam und Eva symmetrisch gegenüber. Der Bibel zufolge sind sie die Stammeltern der gesamten Menschheit und haben auch die erste Sünde begangen, indem sie Gott gegenüber ungehorsam waren. Der biblische Mythos berichtet, wie sie als Folge der Sünde aus dem Garten Eden verjagt und gezwungen wurden, in einer Welt voller Mühsal und Elend zu leben, in der die Sünde weiterwucherte. Die christliche Theologie hat Adam und Eva immer mit ihrer Lehre von der "Erbsünde" verbunden. Aber in der ersten Sünde scheint auch das Motiv von Gottes Heilsplan zu liegen, die Menschheit durch seinen Sohn Jesus Christus zu erlösen. Adam und Eva stehen in diesem Sinne genau am richtigen Platz: Mit ihnen fängt die tragische Sündengeschichte der Menschheit an, aber mit ihrer "felix culpa" wurde auch die Erlösung der Menschheit eingeleitet. Vergessen wir nicht, daß Jesus in der christlichen Tradition "der neue Adam" genannt wird, der wiedergutmachte, was der erste Adam (Adam = Mensch) verbrochen hatte, und der gegen den Fluch von Sünde und Tod die Herrlichkeit von Vergebung und ewigem Leben setzte.

Die beiden Figuren stehen nicht unten in der Masse, sondern oben, auf der Höhe der Himmlischen. Trotzdem ist der Hintergrund nicht das Blau des Himmels, im Gegensatz zu allen anderen Tafeln des geöffneten Altaraufsatzes. Sie stehen in einer Nische, aus der Adam hervorzutreten scheint. Das Detail seines Fußes, der über die Rahmenleiste hinausstrebt, ist ein gekonntes Beispiel der perspektivischen Malerei, die die Dreidimensionalität der Gestalt stark betont. Die Stammeltern werden mit den Attributen dargestellt, die an den Sündenfall erinnern: Sie bedecken ihre Nacktheit mit Feigenblättern. Das erinnert an jene Geschichte in der Bibel, die erzählt, wie Adam und Eva nach dem Sündenfall ihre Nacktheit entdecken und sich Lendenschurze aus Feigenblättern machen. Eva hält außerdem die "verbotene Frucht" in der Hand, die ebenfalls in der Biblischen Geschichte erwähnt ist (2. und 3. Kapitel der Genesis). Man beachte, daß die Frucht auf dieser Tafel nicht der traditionelle Apfel ist. Dieser wird in der Bibel auch nirgendwo erwähnt. Eva hält hier eine "Etrog" genannte orientalische Zitrusfrucht in der Hand. Soweit bekannt, ist diese Darstellung einzigartig in der westlichen Malerei, aber sie stimmt wohl mit der traditionellen Auffassung der Rabbiner über die "verbotene Frucht" überein. "Etrog" heißt die Zitrusfrucht des jüdischen Laubhüttenfestes. Diese bemerkenswerte Tatsache könnte darauf hinweisen, daß van Eyck bei der Ausarbeitung seiner Ikonographie mit jüdischen Bibelgelehrten Kontakt hatte [15]

Daß der Maler auf den Sündenfall verweisen will, ergibt sich auch aus den Texten auf dem Rahmen "Adam nos i(n) morte(m) praecipitat - Adam stürzt uns in den Tod" und "Eva occidendo obfuit - Eva brachte Schaden durch Töten -". Die Haltung der beiden Figuren ist jedoch nicht dramatisch oder gequält, wie dies zum Beispiel wohl der Fall ist bei Masaccio in der Brancacci-Kapelle in Florenz oder bei Michelangelo in der Sixtinischen Kapelle in Rom. Sie werden mit derselben erhabenen Ruhe wie die anderen großen Figuren auf dem Retabel dargestellt. Die beiden Stammeltern schauen offenbar in eine unbestimmte Ferne, mit einem Blick, der Verinnerlichung und Gemütsruhe ausstrahlt. Es ist, als werde ihnen in Gedanken schon das kommende Heil ihrer Nachkommen verheißen. Zwar ist die Anatomie, gemessen an der Idealvorstellung der Renaissance, nicht ganz perfekt, aber die beiden Häupter wurden wunderschön ausgeführt. Vor allem Adam strahlt eine eindrucksvolle Präsenz aus. Beachten Sie, daß Adam Lichtpünktchen in den Augen hat und Eva nicht, ganz dem fiktiven Lichteinfall durch das gegenüberliegende Glasfenster der Vijdkapelle entsprechend.

Bildlich-thematisch wurden die Figuren Adams und Evas mit den anderen mittels der Abbildung auf dem hölzernen Lesepult auf der 2. Tafel verbunden. Wir sehen dort den Kampf des Erzengels Michael mit dem Drachen, eine traditionelle Vorstellung, die auf den himmlischen Sieg über den Teufel und die Sünde verweist und die man zu dieser Zeit schon in der Bibel, in der Geschichte über das Paradies (Genesis 3,15), angekündigt sah.

In den zwei kleinen Viertellünetten A und B, über den Namen Adam und Eva, wurden die ersten Folgen der Sünde dargestellt: das Opfer von Adams ersten Söhnen Kain und Abel (A) und der darauffolgende Brudermord, den Kain an Abel beging (B). Auch hier folgt die Ikonographie der Biblischen Geschichte von Genesis 4. Gleichzeitig kann auch hier schon auf den Tod Christi verwiesen werden, für den der ermordete Abel als Urbild galt. Die Figuren sind als Plastiken ausgeführt, die zu den oberen Arkaden der Nische gehören, als wären sie in Sandstein gehauen.

Tafeln 2 und 6

Die Tafeln 2 und 6, die ebenfalls in perfekter Symmetrie einander gegenübergestellt worden sind, stellen singende und musizierende Himmelsbewohner dar. Man nennt sie traditionell Engel, obwohl hier einige Zweifel angebracht sind, weil sie ohne Flügel dargestellt wurden. Vergleichen Sie sie mit den anderen Engeln auf dem Flügelaltar! Ob es nun Engel oder Heilige sind, ist eigentlich unwichtig. Die Figuren sind in einer kompakten Gruppe gemalt worden, die eine flachere und geschlossenere Komposition als Adam und Eva zeigt. Die Häupter zeichnen sich gegen einen flachen, blauweißen Hintergrund ab, der den Himmel suggeriert, aber ohne viel Raumeffekt abgebildet ist. Mehr Tiefenwirkung geht von dem in kostbaren Glasurfliesen ausgeführten Boden aus, der unter den Figuren nach hinten ausläuft. Außer verschiedenen Monogrammen sieht man auf dem Boden auch die Darstellung des triumphierenden "Lamm Gottes".

Schon jahrhundertelang hat man das Lob dieser Tafeln gesungen. Auffallend ist allerdings die prachtvolle Darstellung der Materialien, vom schweren, glänzen-

den Brokat und dem Schmuck (aurifrisiae) der Gewänder über die Juwelen bis zu dem gotischen hölzernen Lesepult, der Orgel, dem Stuhl und den Musikinstrumenten. Van Eyck läßt seinem staunenden, andächtig untersuchenden Blick freien Lauf, sinnlich, im besten Sinne des Wortes, als ob er die Seele des Stoffes selbst freilegte. Sogar die Stimmlage der Sänger kann man aus dem Gesichtsausdruck entnehmen. Der Betrachter darf sich aber, wie schon gesagt, nicht zu stark von dieser naturgetreuen Darstellungsweise ablenken lassen. Übrigens weisen die Gesichter der Musiker kaum individuelle Züge auf. Sie scheinen vielmehr alle zum selben Typ zu gehören, ein wenig glatt, geschlechtslos und ohne viel Persönlichkeit. Von tieferer Schönheit ist das von van Eyck geschaffene Verhältnis zwischen Farbe und Form. Hierzu einige Beispiele. Wie meisterhaft bestimmt das scharfbegrenzte grüne Dreieck des umgeschlagenen Randes des Pluviales die Flächenverteilung auf der Tafel der singenden Engel. Es schafft ein Gleichgewicht zwischen dem Rot des Gewandes und dem braunen Lesepult! Auf dem anderen Flügel setzt sich der Metallglanz der Orgelpfeifen über den Brokat des Orgelspielers bis zu den bronzenen Stuhlbeinen fort. Diese Lichtstreuung bestimmt die eigentümliche Leuchtkraft der ganzen Tafel. Diese und ähnliche bildhafte Motive machen den Genter Altar zu einem zeitlosen Meisterwerk. Der Betrachter, der diese Dinge erkennt und nicht nur die naturgetreue Darstellung genießt, wird umso stärker empfinden, was für eine erstklassige Malerei er vor sich hat. Van Eyck imitiert die Realität nicht. Er schafft sie und zeigt sie. Auf seine Art schafft er malerisch genauso eine abstrakte Wirklichkeit von Farbe und Fläche, wie es später Paul Klee und Picasso tun werden.

Die 2. Tafel stellt einen kleinen singenden Chor dar. Acht Stimmen, die paarweise mehrstimmig singen. Auf der 6. Tafel stehen die Instrumentalisten, mit kleiner Harfe und Viola, alle um das unglaublich schön dargestellte Orgelpositiv versammelt. Die aufwendige Pracht des sitzenden Organisten (ein Engel, Cäcilia?...) läßt niemanden unberührt. Übrigens fällt die Ähnlichkeit zwischen den Instrumentalisten, die van Eyck gemalt hat, und den Spielscharen aus der Zeit der Burgundischen und der Flämischen Polyphonie auf, wie man sie unter anderem in Buchillustrationen und auf Wandteppichen findet.

Tafeln 3, 4 und 5

Die drei zentralen Tafeln 3, 4 und 5 dominieren das ganze Polyptychon und schaffen durch die Farbtöne Rot, Blau und Grün einen speziellen gestalterischen Verbund mit dem untersten Register. Der überall auf dezente Weise vorhandenen Verbindung kann man auf die Spur kommen, wenn man sich zum Beispiel die drei roten Punkte des imaginären Dreiecks ansieht, das von der zentralen Gottesfigur oben, der in Rot gekleideten Figur unten links und den mit roten Gewändern bekleideten Figuren unten rechts auf der mittleren Tafel gebildet wird. Das rote Antependium des Altars auf der Wiese, hervorgehoben durch die weiße Ellipse, die durch die Engel und das Lamm gebildet wird, verstärkt diese Farbkomposition mit vier roten Ruhepunkten. Die Farben Rot, Blau und Grün dominieren eigentlich in vielen subtilen und auf den ersten Blick unauffälligen Kombinationen die gesamte Farbenpalette des geöffneten Flügelaltars. Achten Sie zum Beispiel darauf, wie das Grün der Wiese in der Mitte eine verbindende Rolle in der symmetrischen Anordnung des blauen Mantels eines "Gerechten Richters" ganz links außen und des roten Gewandes des Heiligen Christophorus ganz rechts außen spielt. Oder achten Sie auf den subtilen Gegensatz, den das rote Ärmelchen und das grüne Tuch unter dem Buch zum blauen Mantel Marias bilden. Dem Betrachter wird es nicht entgehen, daß das rot-blau-grüne Zusammenspiel der drei Figuren, die in der linken unteren Ecke der 10. Tafel im Vordergrund stehen, eine Art bescheidenes Echo der drei Hauptfiguren auf dem Oberregister bildet. Dergleichen Verbindungen brauchen nicht immer rational komponiert zu sein. Aber wenn sie vielleicht auch spontan und unbeabsichtigt zustande kamen, so bestim-

Polyphonie und Echo in Farben. Ein Thema wird, leicht verändert, an anderer Stelle im Werk wiederholt. Wenn wir die beiden Darstellungen in gleicher Größe abdrucken würden, fiele es auf, wie stark die malerische Verbindung ist.

men sie doch die geniale Einheit eines großen Kunstwerkes. In dieser Treffsicherheit zeigt sich das, was man ein nicht erlernbares Talent nennt.

Über die Darstellung der drei Hauptfiguren ist schon viel geschrieben worden. Besonders die mittlere Gestalt war Gegenstand vieler Diskussionen. Maria (3) und Johannes der Täufer (5) sind eindeutig zu identifizieren, aber über die mittlere Figur wird noch immer hartnäckig gestritten. Ist es Gottvater oder Christus oder eine Kombination von beiden? In diesem bescheidenen Leitfaden können wir auf die schwierige Diskussion nicht weiter eingehen, aber wir wollen doch einige Argumente zusammenfassen.

In der byzantinischen und mittelalterlichen Ikonographie kennt man eine große Zahl fester Motive, an welche die Maler relativ stark gebunden waren. Eines davon

ist die sogenannte "Deesis", ein griechisches Wort, das "Bittgebet, Fürsprache" bedeutet. Es war ein festes Motiv, das man einzeln, aber auch und vor allem in Darstellungen des Jüngsten Gerichts antrifft: Der richtende Christus wird von Maria und Johannes dem Täufer flankiert, die Barmherzigkeit für die Sünder erflehen. Unzählige Ikonen zeigen dieses Motiv, aber ein eindeutig westliches Beispiel sehen wir auf dem berühmten "Jüngsten Gericht" von Rogier van der Weyden im Hôtel-Dieu in Beaune. Im städtischen Museum in Diest befindet sich ein "Jüngstes Gericht", das 1413 von Lieven van den Clite gemalt wurde und für das Grafenschloß in Gent bestimmt war. Es zeigt ganz deutlich eine "Deesisgruppe" und ist deshalb ein wichtiges Zeugnis für die Anwesenheit dieses Motives in Gent vor van Eyck. Die Deesisgruppe ist sehr oft um Engel, Apostel und Propheten erweitert worden. Eine Darstellung, die den thronenden Christus zusammen mit

Auf dem Retabel ist sie zurückhaltend und unauffällig – aber sie ist da ! Mit solchen Verbindungen schafft eine großes Talent die Einheit in einem Werk, dessen viele Flügel und verschiedene Größenskalen sonst einen verwirrenden Eindruck hervorrufen könnten.

Van Eyck stellt erneut die perfekte Verbindung zwischen einer erstaunlichen Wiedergabe der Materie und einem starken Element bildlicher Abstraktion her: Nicht nur der Brokat wirkt als Stoff königlich sondern auch eine Säule von Rot und Gold zwischen antithetisch angeordneten grünen Dreiecken.

Wahrscheinlich nirgendwo deutlicher als bei den mit Recht berühmten Orgelpfeifen zeigt van Eyck uns die fast unglaubliche Wirklichkeitstreue als Mittel der geometrischen Abstraktion. Die vollkommene Wiedergabe des Materials wird zu einem Spiel grauer und weißer Linien. Realismus aus dem fünfzehnten Jahrhundert und zugleich radikaler Modernismus.

Maria und Johannes dem Täufer zeigt, ist deshalb normalerweise eine Deesis. Es gibt darum guten Grund anzunehmen, daß van Eyck, der zweifellos byzantinische und gotische Retabels kannte, sich durch das Motiv der Deesis hat leiten lassen. Dennoch haben wir es nicht wirklich mit einem "Jüngsten Gericht" zu tun (wenn es denn je eine Predella mit Fegefeuer oder Hölle am Fuße des Flügelaltars gegeben hat), und Maria und Johannes sind auch nicht in einer flehenden Haltung abgebildet. Johannes der Täufer zeigt aber die zentrale Figur, was deutlich auf eine Identifikation mit Christus hinweist. Die Stickerei auf dem Brokat-Teppich hinter der Figur enthält, in Gold gestickt, ein Motiv, das traditionell auf Christus verweist. Man sieht einen Pelikan, der sich, dem alten Volksglauben entsprechend,die Brust aufreißt, um mit seinem Blut seine Jungen zu füttern. Dieses Motiv, das man auf unzähligen Abbildungen sieht, ist ein bekanntes und eindeutiges Symbol für Christus, der sein Blut für die Seinen gegeben hat. Außerdem hängt über dem Pelikan ein Spruchband mit dem Text: "Ihesus Xrs", wobei die ganze Darstellung von Weinreben umgeben ist, die in der Eucharistie auch ein Symbol für Christus sind. Das Zepter und die Krone zu Füßen könnten auf die Königswürde Christi schließen lassen. Über den Messias wird in der Bibel gesagt, daß das "Zepter nicht von ihm weichen wird" [16]: er ist ja "Rex regum et dominus dominantium - König der Könige und Herrscher der Herrscher". Es gibt übrigens einen Text im Buch der Apokalypse über Christus, der vielleicht auch als Inspirationsquelle für die Darstellung der Figur auf dem Thron gedient haben könnte: "Auf seinem Haupt trägt er viele Diademe... . Er ist in einen in Blut getauchten Mantel gehüllt. Und sein Name lautet: das Wort Gottes... . Und auf seinem Mantel und auf seinem Schenkel steht ein Name geschrieben: König der Könige und Herr der Herren" (Apk. 19, 12-16). Dieser letztere Titel ist auf lateinisch auf dem Mantelsaum zu lesen, die Buchstaben aus Perlen gestickt.

Dennoch sprechen auch einige Aspekte für Gottvater. Es gibt erstens das mögliche Trinitätsmotiv. Wenn man sich die Gesamtheit des Flügelaltars ansieht, dann verläuft eine gerade Linie vom Lamm über die Taube nach oben zur mittleren Figuren hin. Das Lamm symbolisiert zweifellos Christus, die Taube den Heiligen Geist. Logischerweise bietet es sich an, die obere Figur als Gottvater zu identifi-

Wie soll man diese Darstellung charakterisieren? ... ausdruckslos? ... gefühllos? ... "Über allen Gipfeln ist Ruh"? Die strenge emotionslose Frontalität des Pantokrators, dem jede Spur von Dramatik fehlt, zeigt besser als irgendeine andere Tafel, wie sehr van Eyck vom romantischen Kunstideal entfernt ist, etwa im Sinne einer "allerpersönlichsten Expression einer allerpersönlichsten Emotion". Obwohl anders in seiner Formgestaltung, läßt das Antlitz dieser Gottesfigur sowohl an die Strenge und Erhabenheit eines byzantinischen Mosaiks als auch an eine orthodoxe Ikone oder an die "ruhige Leere" eines Buddha-Gesichts denken. Da ist etwas Fremdes an dieser makellosen und abgehobenen Unberührtheit. Es wird kein Kontakt mit den Zuschauern hergestellt. Es scheint so, als wäre es die Ausdrucksform einer Vollkommenheit, die sich selbst genügt. Ist das Kälte? Manche werden es bestimmt als solches empfinden. Handelt es sich um Mystik, die von der ereignisreichen und sich schnell ändernden Zeit hervorgebracht worden ist? Das Bild scheint selber dasjenige auszustrahlen, dessen Verkörperung es eigentlich nur sein sollte: die ewige unberührbare Ruhe der Anschauung Gottes. Auf jeden Fall geht vom Pantokrator eine Wirkung aus, die auf das ganze Polyptychon übertragen wird.

zieren, denn dann hätten wir die Darstellung der Dreifaltigkeit: Vater, Sohn und Heiliger Geist. Auf dem schrägen Goldstreifen, der über das Gewand läuft, ist das Wort "Sabaot" (mit griechischem Omega) zu lesen. Das hebräische Wort für "Heerscharen" gehört zur Kombination "Dominus Deus Sabaot - der Herr, der Gott der Heerscharen". Diesem Titel begegnet man oft im Alten Testament, und er ist deshalb normalerweise auch im Christentum Gottvater vorbehalten. So ist es im Text des "Sanctus" in der katholischen Messe nachzulesen. Der Text des Sanctus ist einer Vision des Propheten Jesaja entlehnt, in der die Seraphim ausrufen: "Heilig, heilig, heilig der Herr, Gott der Heerscharen" [17] Auch der Anfang des Textes auf dem goldenen Thron kann in diese Richtung weisen: "Hic e(st) Deus pote(n)tissim(us) p(ro)p(ter) divina(m) maiestate(m) - Dies ist Gott, allmächtig wegen seiner göttlichen Majestät". Dabei wurde die päpstliche Tiara in der Regel mehr als Attribut des Vaters als das des Sohnes verwendet. Es gibt auch noch das Motiv in der Apokalypse: Er, der auf dem Thron saß (Apk. 4,2; 7,15; 20,11; 21,5; 22,4 und andere). Normalerweise liest man aus dieser Gestalt auch Gottvater heraus. In Apk. 5,15 lautet der Lobgesang der Geschöpfe: "Ihm, der auf dem Thron saß, und dem Lamm gebührt die Ehre, der Ruhm und die Kraft in Ewigkeit". Er, der auf dem Thron saß, wird also deutlich vom Lamm unterschieden. Andererseits nahm man sich große Freiheiten im Gebrauch solcher Verweise heraus, so daß es schwierig ist, darin stichhaltige Argumente zu finden.

Es ist nicht leicht, wie Alexander den Gordischen Knoten zu durchtrennen. Angesichts des Dogmas der Gottgleichheit von Christus und dem Vater, ist es immer möglich, daß eine Reihe von Titeln und Attributen von Gottvater auf Christus übertragen wird. Dies ist in der christlichen Tradition auch oft geschehen, besonders wenn es sich um Symbole der Herrschaft und Allmacht handelt. Typische Christussymbole dagegen - wie zum Beispiel der Pelikan - standen normalerweise nicht für den Vater. Darum neigen wir eher dazu, die Gestalt als verherrlichten Christus zu identifizieren. Aber ganz aufgelöst ist diese Kontroverse damit nicht. Einige Kenner van Eycks meinen sogar, die Figur sei eine bewußte Kombination von beiden, das heißt eine Art Fusion der Merkmale, um dem Betrachter die Einheit von Vater und Sohn zu suggerieren [18].

Mit ruhig segnender Gebärde und Zepter herrscht die Figur über das ganze Geschehen. Sie blickt starr geradeaus, unbewegt hieratisch, wie in der byzantinischen und auch in der romanischen Kunst. Sein fast vertikal gemaltes Schuhwerk, wie das eines byzantinischen Kaisers, ruht auf einer Stufe, vor der eine Goldkrone liegt, die mit Akanthusblättern durchbrochen ist. Weist sie auf seine eigene Königsmacht hin oder symbolisiert sie, daß alle Völker ihm zu Füßen liegen? Will der Künstler damit sagen, daß die geistliche Macht (Tiara) über der weltlichen (Königskrone) steht oder daß beide zu Christus gehören? Solche Fragen können nur sehr schwer beantwortet werden. Mit außergewöhnlichem technischem Können hat der Künstler die scharlachroten Gewänder und auch die Schmuckstücke gemalt. Eigentlich ist schon die Darstellung des kristallenen Zepters ein Höhepunkt in der Geschichte der Malerei. Besser als auf anderen Bildern sieht man auch in der Christusgestalt, wie genau sich van Eyck die Illusion des Lichteinfalles zunutze gemacht hat: Jede Mantelfalte, jede Perle und jeder Edelstein, wie klein sie auch sein mögen, bekommen Licht und Schatten aus dem gegenüberliegenden Glasfenster. Alle Attribute und Schmuckstücke, wie die Perlen auf

SOLE + SVP OĒM STELLARV

dem Saum des Gewandes, auf der mit Edelsteinen geschmückten Tiara, auf der Krone und der Mantelspange, drücken außerdem auf unübertroffene Weise göttliche, transzendente Majestät aus. Zweifellos kann aus der gesamten Darstellung eine Variante des bekannten ikonographischen Themas des Pantokrators, des "Allbeherrschers", herausgelesen werden.

An der rechten Seite Christi (links vom Betrachter) thront Maria. "H(a)ec e(st) speciosior sole - diese ist schöner als die Sonne" heißt der Text auf ihrem Thron. Das Blau ihres Mantels wurde mit Pigmenten aus Lapislazuli gemalt und ist damit ein Schreckgespenst für Photographen, denn die Reproduktion dieser Farbe ist fast unmöglich. Maria, als junge, reife Frau dargestellt, fleht nicht, noch blickt sie zu Christus auf. Sie ist versunken in die Lektüre eines Stundenbuches. Ruhe, Frieden, Heiterkeit und Innerlichkeit sind Begriffe, die einem spontan beim Betrachten dieses Bildes einfallen. Das wunderschöne Antlitz, um das ein sanfter Wasserfall von Haaren fällt, zeichnet sich gegen den Hintergrund der goldenen Thronlehne ab. Der weißblaue Hintergrund des goldbestickten Teppichs bildet den Übergang zwischen dem dunkelblauen Gewand und dem Gelb des Thrones. Rosen und Lilien, Attribute Marias, schmücken das Diadem, und die zwölf Sterne erinnern an die Frau aus der Apokalypse: "Ich sah eine Frau, bekleidet mit der Sonne, den Mond unter ihren Füßen und auf dem Haupt eine Krone mit zwölf Sternen" (Apk. 12,1). Van Eyck hat die apokalyptische Darstellung von Sonne und Mond weggelassen, aber er hat den kreisförmigen Sternenglanz perfekt in die Darstellung der Himmelskönigin integriert. Aufs neue wird man hier die unvergleichliche Subtilität des Farbenspiels entdecken: Rot, Blau und Grün im Diadem und im Gewand, der Goldstreifen, der durch das tiefe Blau läuft, der Fußboden, der alle Farben intensiviert und eine Verbindung zu den beiden anderen Figuren schafft.

Johannes der Täufer ist die dritte Figur der Deesis. Über seinem Gewand aus Kamelhaar trägt er einen grünen, mit Edelsteinen besetzten Mantel, ein Zeichen der Herrlichkeit, in die er aufgenommen worden ist. Dennoch erinnern seine nackten Füße an das asketische Leben eines Wüstenbewohners. Johannes deutet mit seinem Zeigefinger auf Christus. Er ist der Vorläufer des Messias und hat ihn angekündigt. Die Darstellung Johannes des Täufers, der auf Christus zeigt, erinnert unter anderem an einen Abschnitt im Johannesevangelium, in dem es heißt: "Am folgenden Tag stand Johannes dort wieder, nun mit zweien seiner Jünger. Er richtete seinen Blick auf Jesus und sprach: 'Siehe das Lamm Gottes'[19]". Etwas Zutreffenderes als dieses Zitat läßt sich für den Genter Altar kaum finden.

Johannes hält ein Buch auf den Knien, dessen rote, lederne Verschlußbänder wunderschön mit dem grünen Mantel kontrastieren. Vergleichen Sie dieses malerische Element mit dem Akzent, den die grünen, herabhängenden Tiarabänder auf dem roten Mantel Christi setzen : Grün auf Rot bei Christus, Rot auf Grün bei Johannes - ein Kontrast, der verbindet! Das geöffnete Buch zeigt die erste Seite der Prophezeiung von Deuterojesaja [20]. Diese Prophezeiung beginnt mit den Worten : "Consolamini - Tröstet, tröstet mein Volk" und kündigt die Stimme des Rufers in der Wüste an, um dem Herrn den Weg zu bereiten. Diese Prophezeiung wird, am Anfang der Evangelien, Johannes dem Täufer in den Mund gelegt, um die Ankunft des Messias vorzubereiten. Man kann das Wort "Consolamini" auf dem Buch erkennen. Beachten Sie auch, wie der beige-braune Gürtel des Propheten einen

farblichen Übergang von der Cremefarbe der Buchseiten zum Braun des Mantels schaft. Die Genialität des Farbenspiels spürt man auch in dem Teppich auf dem Thron des Johannes : der kleine Zwischenraum zwischen der goldenen Stickerei ist ... grün gefärbt.

Wir möchten noch auf ein auffälliges Merkmal der großen Figuren im Oberregister hinweisen: Adam und Eva sehen weder einander, noch irgendeine andere Figur an. Auch die Engel scheinen alle nur für sich zu musizieren, und die drei zentralen Figuren sind ebenfalls gleichsam in ihr eigenes Universum eingebunden. Ihre Blicke begegnen einander nicht, es herrscht eine scheue Trennung zwischen ihnen. Dieses Element spielt auch in der auffälligen Abwesenheit menschlicher Passion oder Dramatik wie auch jeglicher subjektiver Bezogenheit im Retabel eine Rolle. Diese Abwesenheit ist aber weder ein Ausdruck von Individualismus noch von Egoismus, sondern einer extremen Übersteigerung des Individuellen zum Universellen. Ich finde keinen besseren Vergleich als den mit Roeblovs Dreifaltigkeitsikone oder mit Bachs Musik. In dieser übersteigerten Objektivierung des Geschehens tritt die zeitlose Serenität der Ewigkeit ungebrochen hervor. Gerade weil die Figuren keinerlei individuelle Gefühle oder Stimmungen erkennen lassen, bieten sie dem Betrachter völlige Freiheit, die es ihm erlaubt, selbst bis zum Kern vorzudringen.

DAS UNTERE REGISTER

Die Tafel 10

Die fünf Tafeln (8 - 12) des unteren Registers vermitteln einen größeren Eindruck der Einheit als die einzelnen Figuren oben. Hier müssen wir von der Tafel **10** ausgehen, der großen zentralen Szene, der das Retabel seinen Namen "Die Anbetung des Lammes" verdankt. Um das "Lamm Gottes" herum treten von allen Seiten Menschengruppen heran. Sie strömen zur himmlischen Liturgie. Das Ganze ist zweifellos von der Schilderung im Buch der Apokalypse inspiriert: "Ich sah eine große Menge, die niemand zählen konnte, aus allen Rassen und Stämmen, Völkern und Sprachen. Sie standen vor dem Thron und vor dem Lamm, in weiße Gewänder gekleidet und mit Palmzweigen in der Hand..." (Apk. 7,9). Es gibt keinen besseren Text, um das Allerheiligenfest zu illustrieren. Van Eyck beschränkt sich aber nie darauf, Texte einfach nur darzustellen. Er ist, betonen wir es nochmals, kein Illustrator. So malt er zum Beispiel die Gewänder in verschiedenen Farben und gibt nicht jedem einen Palmzweig in die Hand. Aber die Texte lieferten ihm die Inspiration für seine Motive, die er mit der Freiheit eines genialen Malers umsetzte und schöpferisch neu entwickelte.

Auf einer leicht hügeligen Wiese, durch Obstbäume, Gebüsch und Blumen begrenzt, vollzieht sich um das Gotteslamm die göttliche Liturgie.

Man hat oft und mit Recht die Aufmerksamkeit auf die sehr reichen Grünabstufungen gelenkt, die diese ziemlich geschlossene Landschaft mit hohem Horizont enthält. Das Grün gibt als Hintergrund allen anderen Farben eine ganz besondere Wärme. Auch der liebevolle Forscherblick van Eycks und die technische Perfektion, mit der er die einzelnen Pflanzen dargestellt hat, wurden häufig gelobt.

Malerisch gesehen wird die Aufmerksamkeit vor allem auf das weiße Lamm auf dem kleinen Altar mit weißer Altardecke und rotem Antependium gelenkt. Lamm, Altardecke und Engelsgewänder bilden eine weiße Ellipse, die die gesamte Aufmerksamkeit auf die zentrale Szene lenkt (F). Hier offenbart sich deutlich die liturgische Absicht des Retabels : der Altar verweist auf die tägliche Eucharistie und die Darstellung des Lammes auf das, was sich der katholischen Theologie zufolge auf dem Altar vollzieht. Es steht auf einer Höhe, die vielleicht den Berg Sion im Himmlischen Jerusalem symbolisiert (Apk. 14,1). Das Lamm ist geschlachtet, Blut fließt aus seiner Brust in den Kelch. Der Verweis auf Apk. 5,6 : "Das Lamm, wie geschlachtet...", ist deutlich. Der Kelch, der das Blut auffängt, bezieht sich offenkundig auf den Wein bei der Eucharistiefeier, das Blut Christi. Die Worte bei der Wandlung lauten: "Dies ist der Kelch mit meinem Blut, das für euch und für alle vergossen wurde". Um den Altar herum knien 14 Engel. Hinten tragen vier von ihnen die Instrumente des Leidens Christi. Wir unterscheiden, von links nach rechts: Kreuz und Dornenkrone, Nägel und Lanze, einen Stab mit einem mit saurem Wein getränkten Schwamm und eine Geißelrute. Schon wieder ein deutlicher Hinweis auf die Bedeutung des Lamms auf dem Altar. Zwei Engel vorn, deren Flügel wie geschlossene Pfauenräder wirken, ehren das Lamm mit Weihrauch. Auch dies verweist auf die eucharistische Verehrung des Fleisches und des Blutes Christi. Die Texte auf dem Antependium sind eindeutig und beziehen den Betrachter in das eucharistische Geschehen mit ein. Auf dem oberen Rahmen lesen wir: "Ecce agnus Dei qui tollit peccata mundi - siehe das Lamm Gottes, das hinwegnimmt die Sünden der Welt", eine Formel, die in jeder Eucharistiefeier vor der Kommunion gesprochen oder gesungen wird. Auf den beiden herabhängenden Tüchern lesen wir: "Ihes via, v(er)ita(s), vita - Jesus ist der Weg, die Wahrheit und das Leben".

Vorne, in der Mitte, steht ein Springbrunnen (E). In ein achteckiges Becken plätschert Wasser in feinem Strahl aus zehn, rund um eine bronzene, beringte Säule angeordneten Drachenköpfen und aus zwei Phiolen, die von einem Engel auf der Säule getragen werden. Das kristallklare Wasser strömt unten aus dem Becken in einen Wasserlauf, dessen Boden mit Edelsteinen übersät ist, und mündet dann in einen kleinen Bach, der im Vordergrund des Gemäldes verschwindet. Die religiöse Symbolik des Springbrunnes ist eindeutig, denn der Maler gibt dazu selbst eine Erklärung: Auf dem Rand des italienisch anmutenden Marmorbeckens stehen die Worte "Hic est fons aqu(a)e vit(a)e procedens de sede Dei + Agni - Das ist der Brunnen des lebendigen Wassers, hervorquellend aus dem Thron Gottes und des Lammes". Mit diesen Worten wird sowohl auf das Buch der Apokalypse als auch auf das Johannesevangelium verwiesen. In der Vision des Himmlischen Jerusalem, am Ende des Buches der Apokalypse, hat der Autor eine Vision geschildert, die von dem Propheten Ezechiel überliefert ist. Sie lautet: "Dann zeigte mir der Engel den Fluß mit dem Wasser des Lebens, klarer als Kristall, der dem Thron Gottes und des Lammes entsprang..." (Apk. 22,1). Am Ufer dieses Flusses steht der Baum des Lebens - Erinnerung an die Paradiesgeschichte von Adam und Eva -, der zwölfmal im Jahr Früchte trägt und der den Menschen Heilung bringt [21]. Hat dieser Baum etwas mit den Obstbäumen hinten auf der zentralen Tafel zu tun? Vieles spricht dafür. In der Vision heißt es weiter: "Der Thron Gottes und des Lammes soll dort stehen und seine Diener sollen ihn verehren" (Apk. 21,3). Im Johannesevangelium sagt Jesus im Gespräch mit der samaritanischen Frau: "Wer von dem (lebendigen) Wasser trinkt, das ich geben werde, wird bis in alle Ewigkeit keinen Durst mehr haben, im Gegenteil, das Wasser, das ich ihm geben werde, wird in ihm eine Wasserquelle werden, aufsprudelnd zum ewigen Leben" (Joh. 4,14). Weiter ist im Evangelium zu lesen: "Wenn jemand dürstet, komme er zu mir. Wer an mich glaubt, der trinke. Wie die Schrift sagt: Ströme von lebendigem Wasser sollen in sein Innerstes fließen" (7,37 f.).

Es versteht sich von selbst, daß das lebendige Wasser auch mit dem Sakrament der Taufe assoziiert wird. Wenn wir dann die vertikale Achse der Tafel betrachten, sehen wir den Heiligen Geist, das Blut des geopferten Lammes und das lebendige Wasser aus dem Springbrunnen. Unwillkürlich muß man hier an einige Worte aus dem 1. Johannesbrief denken: "Es gibt drei Zeugen (für Jesus), den Geist, das Wasser und das Blut und die drei stimmen überein". Johannes will damit sagen, daß sowohl der Geist der Wahrheit als auch das Blut der Hingabe Christi am Kreuz wie auch das Wasser der Taufe den Glauben an Christus bezeugen. Dies illustriert einmal mehr den großen thematischen Reichtum, den man im Retabel finden kann.

Im Hintergrund, wo sich die Landschaft in blauen Fernen verliert, wird der Horizont durch die Gebäude des Himmlischen Jerusalem unterbrochen. Es handelt sich hier um eine fiktive Architektur, die vor allem auf gotischer und rheinländisch-romanischer Formgestaltung basiert. Man glaubt, einige Gebäude identifizieren zu können. Der Turm links in der Mitte könnte der Utrechter Domturm sein ; Jan van Eyck malte ihn auch auf dem Bild der "Madonna mit dem Kanzler Rolin" (Louvre). Das Gebäude in der Mitte rechts mit zwei kurzen Tür-

men, offenem Schiff und unvollendetem Chor läßt an den damaligen Zustand des Kölner Domes denken, ist aber dennoch keine naturgetreue Darstellung dieses Bauwerks, weil die Türme mit Spitzen versehen sind. Der Turm mit der scharfen Spitze rechts davon ist höchstwahrscheinlich die Genter St.-Nikolaus-Kirche.

Die perspektivische Darstellung der verblassenden Landschaft ist besser gelungen als die der Wiese im Vordergrund, die eigentlich zu steil ansteigt. Die Wiese mutet noch stark zweidimensional an, aber dies kann auch an der Disposition der Figurengruppe gegenüber dem Grün liegen.

Vorn (Gruppen A und B) befinden sich Gruppen von Auserwählten aus der vorchristlichen (A) und aus der christlichen Welt (B).

Gruppe A

In Gruppe A sieht man vorne Propheten aus dem Alten Testament knien. Sie halten Bücher in der Hand [22] und bilden eine deutlich antithetische Symmetrie zu den knienden Figuren der Gruppe B. Hinter ihnen steht eine Gruppe mit verschiedenen bisher unidentifizierten Figuren, möglicherweise weitere Persönlichkeiten aus dem Alten Testament, aber auch Heiden, von denen man annahm, daß sie durch ihren edlen Lebenswandel gerettet worden sind oder daß sie sogar dem kommenden Christentum den Weg bereitet hatten. Sie kommen aus der ganzen Welt, was ihre verschiedenen Kopfbedeckungen, von Turbanen bis zu chinesischen Spitzhüten, andeuten. Die Figuren vorn, in rotem, grünem und blauem Gewand, stellen vielleicht die großen Propheten Jesaja, Jeremia und Ezechiel (oder Daniel?) dar? So könnte die blaue Figur mit dem Mandelzweig in der Hand Jeremia sein, dessen Berufungsvision in der Bibel mit einem Mandelzweig verbunden ist. Aber man hat auch an Davids Vater Jesse oder an den Propheten Jesaja gedacht. Die weiß gekleidete Gestalt mit dem Lorbeerkranz hält man meistens für den lateinischen Dichter Vergil. In der 4. Ekloge der Bucolica besingt der Dichter die kommende Geburt eines Kindes, das eine goldene Zeit bringen wird. Das christliche Mittelalter sah darin auch die Ankündigung des Messias. Vergil wurde als "fast" Christ hoch geschätzt. So ist es Vergil, der in Dantes "Divina Commedia" den Dichter auf seinen Weg durch Hölle und Fegefeuer führt. Darüber hinaus denkt man an Lehrer, Philosophen und Fürsten. Alle diese Identifikationen beruhen notwendigerweise auf Vermutungen. Das gilt auch für die anderen Gruppen auf dem Retabel. Bei derartigen Spekulationen sollte man immer größte Vorsicht walten lassen, denn der Betrachter neigt leicht dazu, hinter jedem Gesicht eine bekannte Persönlichkeit zu suchen.

Trotz der großen Unterschiede in Kleidung und Barttracht erkennt man unbestreitbar eine gewisse stereotype Ähnlichkeit der Gesichter. Bei den Aposteln der Gruppe B ist dies noch viel deutlicher. Der Künstler wollte hier wahrscheinlich keine individuellen Portraits darstellen, sondern hat eher "typische" Gesichter in verschiedenen Varianten gemalt. Einige können auch von traditionellen Darstellungen inspiriert worden sein.

Auffallend ist dabei auch wieder das Fehlen von Dramatik, Pathetik oder Gespanntheit in den Gesichtern. Man kann zwar nicht direkt sagen, daß die Figuren wie "abwesend" sind, aber leidenschaftslose Insichgekehrtheit und Serenität kennzeichnen auch diese Gruppe. Von gegenseitiger "communio" kann man kaum sprechen. Die Gruppen bestimmen die allgemeine Atmosphäre des Flügelaltars.

Gruppe B

Rechts, in Gruppe B, knien vorn 14 Figuren: die zwölf Apostel und wahrscheinlich auch Paulus und Barnabas. Man glaubt, Petrus (hinten, der zweite von links, kahlköpfig), Johannes (vor Petrus, jung und bartlos, siehe Grisaille) und Paulus (neben Petrus, ebenfalls beinahe kahlköpfig) identifizieren zu können. Hinter ihnen sehen wir Päpste, Bischöfe, Diakone, alle in roten Gewändern (auf das Märtyrertum verweisend ?), und im Hintergrund vornehme christliche Personen, die nicht zum Klerus gehören. Ihre Vornehmheit spiegelt sich in den Kopfbedeckungen wider.

Ein paar Heilige sind an ihren Attributen deutlich unterscheidbar. Stephanus, der erste Märtyrer, ist mit dem Gewand eines Diakons, das heißt mit der Dalmatik, bekleidet und trägt die Steine, mit denen er gesteinigt worden ist. Der Bischof, der seine ausgestreckte Zunge in einer Zange hält, kann wohl als Livinus, einer

der Genter Schutzpatrone, identifiziert werden. Die drei Päpste haben ziemlich individuelle Gesichtszüge, und darum könnten es historische Persönlichkeiten aus der Zeit der van Eycks sein (das sogenannte "große Westliche Schisma"): Martinus V., Alexander V. und Gregorius XII., darüber hinaus könnte es sich auch um die Päpste Gregor den Großen, Sixtus III. und Sylvester handeln. Aber dies bleibt ziemlich unsicher, dasselbe gilt auch für die übrigen Bischöfe und Äbte.

Gruppe C

Hinten treten zwei Gruppen aus den Sträuchern hervor, um ebenfalls das Lamm zu verehren. Links (C) steht die Gruppe der Heiligen, die als "Bekenner" bekannt sind, das heißt, daß sie die Heiligkeit nicht als Märtyrer erworben haben. Blaue Gewänder und weiße Alben beherrschen in dieser Gruppe die Farbenpalette. Die vorderen Figuren tragen die Siegespalme in der Hand. Vorn kann man drei Päpste und eine Gruppe von Kardinälen, Bischöfen und Äbten erkennen, aber keiner von ihnen hat ein spezielles Kennzeichen, so daß eine weitere Identifikation unmöglich ist.

Gruppe D

Rechts (D) treten die Heiligen Frauen auf, Jungfrauen und Märtyrerinnen, alle mit der Siegespalme in der Hand und das Haupt mit Kränzen geschmückt. Einige kann man an ihren traditionellen Attributen wiedererkennen: die Heilige Agnes mit ihrem Lamm, die Heilige Barbara mit dem Turm und die Heilige Dorothea mit dem Blumenkörbchen. Die Heilige, die einen Pfeil in der Hand hält, könnte Ursula sein. Die Prinzessin mit dem Hermelingewand stellt höchstwahrscheinlich die Heilige Katharina von Alexandria dar, auch wenn sie ohne Rad gemalt worden ist. Weiter sieht man verschiedene Äbtissinnen mit Stab.

Die ganze Szene wird durch das Licht der Taube, des Heiligen Geistes, in einem glänzenden dreifachen Strahlenkranz überstrahlt. Das Licht, das von dieser Darstellung ausgeht, hat einen außergewöhnlich starken malerischen Effekt auf die Gesamtheit der Komposition. Das Motiv des halbkreisförmigen Strahlenkranzes, der in Bänder aufgeteilt ist, erinnert an ähnliche Darstellungen in Mosaiken und Fresken, die die Absiskalotten von Basiliken oder romanischen Kirchen schmücken. Gottes Hand erscheint da, umgeben von einem Halbkreis, der aus konzentrischen Farbbändern besteht und den Himmel suggeriert. Aber das "Licht des Heiligen Geistes" erreicht hier viel mehr als seinen theologischen Symbolwert: Nicht nur das Himmlische Jerusalem wird vom Licht des Geistes Gottes beschienen, sondern die ganze Tafel empfängt Licht von diesem leuchtenden Halo im Blau des Himmels, dessen feine Goldstrahlen bis in den Vordergrund reichen und den symmetrischen Zusammenhang des Ganzen auf gleichgewichtige Weise segmentieren.

Die Tafeln 8, 9, 11 und 12

Die Tafeln 8, 9, 11 und 12 haben eine besondere Stellung und Perspektive, dürfen aber kompositorisch doch als eine Erweiterung der zentralen Szene betrachtet werden. Auf den vier Seitentafeln sehen wir Mitglieder verschiedener Gruppen, die im Begriff sind, sich der Menge der Auserkorenen auf der Wiese anzuschließen. Man könnte hierbei an eine Unterteilung denken. Auf der einen Seite diejenigen, die "in der Welt sind" und dort Verantwortung tragen: die Gerechten Richter und die Streiter Christi, auf der anderen Seite diejenigen, die "die Welt verlassen haben": die Büßer, Einsiedler und Pilger.

Tafel 8 stellt die "Justi iudices - Gerechten Richter" dar. Es handelt sich also um Richter, die durch ihren einwandfreien Lebenswandel in die himmlische Glorie eintreten dürfen. Schon über die Gestalten auf der ursprünglichen Tafel wurde viel spekuliert. Man dachte dabei sowohl an regierende Herrscher als auch an Genter Magistratsmitglieder [23]. Keine dieser Vermutungen kann bewiesen werden, so daß, wie schon gesagt, dabei Vorsicht geboten ist. Die heutige Tafel ist eine Kopie von J. van der Veken und wurde zwischen 1939 und 1940 als Ersatz für das gestohlene Original gemalt. Es ist eine gut gelungene Kopie, aber die Unterschiede in der Farbenpalette (siehe zum Beispiel den Himmel und die Felsen) und die viel flachere Ausführung, zum Beispiel bei den Pferden, fallen doch auf. Einem der Reiter (hinten, 2. von links, mit roter Kopfbedeckung) könnte van der Veken die Züge des Königs Leopold III., des damals regierenden Fürsten, gegeben haben.

Auf Tafel 9 sind neun Reiter dargestellt, Ritter und Prinzen, die den Namen "Cristi Milites - Streiter Christi" tragen. Den Fürsten voran gehen drei mit Lorbeer bekränzte junge Ritter im Prunkharnisch und mit Wimpeln. Wegen der Anzahl dachte man, daß es sich hier um die legendären "neuf preux" handele: Josua, David und Judas Makabäus aus dem Alten Testament, Hektor, Alexander und Julius Cäsar aus dem klassischen Altertum und König Arthur, Karl der Große und Gottfried von Bouillon aus den mittelalterlichen Rittererzählungen. Nur bei Karl dem Großen (mit Bügelkrone, hinten) und dem Kreuzfahrer Gottfried von Bouillon (reitend auf einem Maulesel?) könnte man an eine individuelle Identifikation denken. Sicher ist das aber nicht. Persönlichkeiten wie die Heiligen Michael, Viktor, Georg sowie Jean de Berry, Sigismund von Luxemburg, der Heilige Ludwig IX. von Frankreich und andere wurde ebenfalls als Vorbilder vermutet. Doch wieder sollte man Spekulationen dieser Art nicht überschätzen.

Die Tafel 11 bringt uns in eine ganz andere Welt: "Heremitae sancti - heilige Einsiedler". Bei ihnen gibt es keine Gebäude im Hintergrund, wie bei den Richtern und Rittern. Sie leben weitab von der bewohnten Welt, inmitten von Felsen, Bäumen und Sträuchern. Wegen des sehr hohen Horizontes mutet der Hintergrund lebhafter an, aber auch die braun-grüne Farbenpalette zeigt einen seltenen Reichtum. Die mittlere Figur, mit Rosenkranz und Stab, trägt auf ihrem Kleid ein "T" (Tau). Das erlaubt uns, diese Gestalt als den heiligen Einsiedler Antonius zu identifizieren. Im Hintergrund erkennt man die büßende Maria Magdalena, die als Kennzeichen einen Topf mit Balsam trägt, mit dem sie Christus gesalbt hat. Neben ihr geht eine unbekannte Frau.

Tafel 12 zeigt "Peregrini sancti - heilige Pilger". Beachten Sie die eindrucksvolle mediterrane Landschaft, in der sie sich bewegen. Sie zeigt eine große Ähnlichkeit mit der benachbarten Tafel. Auf beiden wird der Pflanzenwuchs mit erstaunlicher Finesse dargestellt. Die Pilger werden von der riesigen, in Rot gehüllten Gestalt des Heiligen Christophorus angeführt. Der Legende nach war der Schutzpatron der Reisenden in der Tat ein Riese. Der Pilger neben ihm trägt die Muschel von St. Jacob von Compostella am Pilgerhut und ist wohl identisch mit dem Heiligen Judokus, dem Schutzpatron des Auftraggebers des Retabels.

13. Der Prophet Zacharja (Zacharias)
14. Die Sibylle von Eritrea
15. Die Sibylle von Cumae
16. Der Prophet Micha (Micheas)
17. Mariä Verkündigung durch den Engel Gabriel
18. Innenraum: Durchblick auf eine Genter Straße
19. Innenraum: Waschbecken mit Handtuch
20. Maria im Gebet, überschattet vom Heiligen Geist
21. Judocus Vijd, der Stifter des Retabels
22. Johannes der Täufer
23. Johannes der Evangelist
24. Isabella Borluut, Ehefrau des Stifters

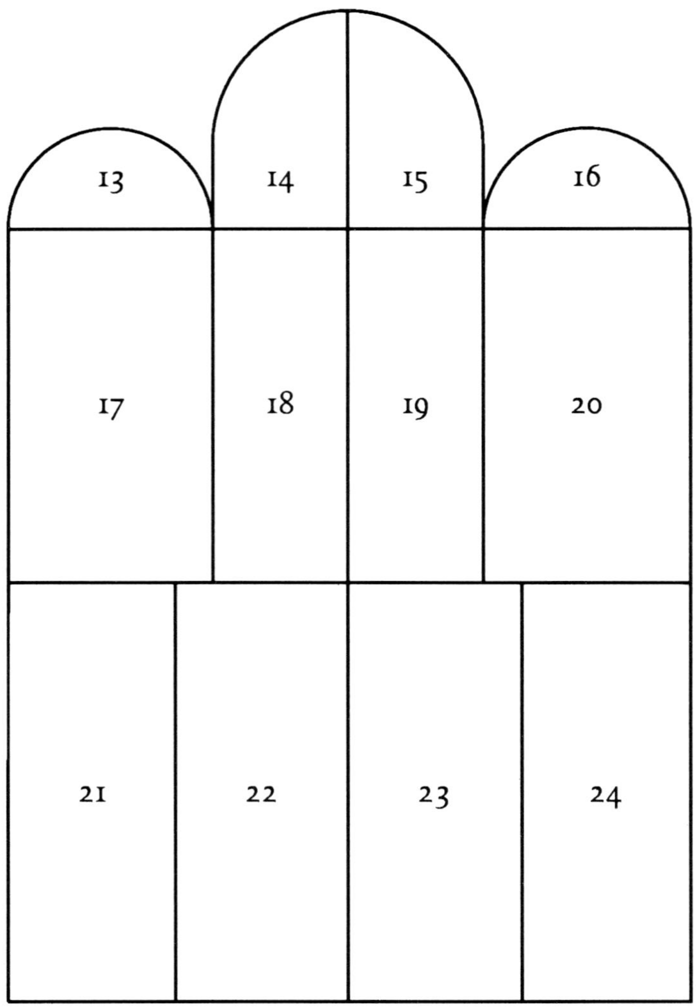

Auch im geschlossenen Retabel bemerkt man deutlich zwei unterschiedliche Register. Das obere kann der Heilsgeschichte zugeordnet werden, die auch auf dem geöffneten Altaraufsatz zu sehen ist. Das untere Register stellt sozusagen die offizielle Auftragserteilung und den Grund für das Zustandekommen des Kunstwerkes dar. Widmen wir uns zuerst dem oberen Register.

OBERES REGISTER

Die Tafeln 17, 18, 19 und 20 bilden ein eindeutiges Ganzes: Mariä Verkündigung durch den Engel Gabriel. Das Motiv dieser Tafel ist dem Lukasevangelium entnommen. Die Verkündigung bildet in der christlichen Tradition und in der Liturgie den Anfang des Zyklus um Jesu Geburt. Thematisch müßte man die Szene zwischen dem Sündenfall Adams und Evas und der Erlösung durch das Kreuzopfer Christi, dem Opfer des Lammes, einordnen. Mit der Menschwerdung Christi sei die Erlösung eingeleitet worden, sagt die Kirche.

Auffallend ist der große Unterschied in der Farbenpalette zwischen dem geöffneten und dem geschlossenen Altaraufsatz. Die Farben auf dem geöffneten Retabel strahlen hell, festlich, und zeigen den Effekt von Metallglanz, jene auf dem geschlossenen sind dezent, monotoner, beherrscht. Der Hauptton wird hier durch die Farben Braun, Beige und Creme (Sandstein) angegeben. Nur die Portraits der Stifter kontrastieren in Rot und Grün, die aber viel ruhiger sind als das Rot und Grün des geöffneten Retabels. Der Flügelaltar wurde nur an Sonn- und Festtagen geöffnet. Während der Woche war er immer geschlossen. Es ist, als zeigten auch die Farben diesen Unterschied zwischen dem Alltäglichen und dem Festlichen. Man spürt, welch ein großer Reichtum und welche Wärme aus der braunen und sandsteinfarbenen Palette des geschlossenen Retabels strahlt.

Auf Tafel 17 erscheint der Erzengel Gabriel, von Gott gesandt, um Marias Mitwirkung am Heilsplan zu erbitten. Er hält die Lilie, das Symbol der Jungfräulichkeit Marias. Ihm symmetrisch gegenüber kniet Maria mit einem geöffneten Buch, überschattet vom Heiligen Geist. Achten sie darauf, wie der Dialog zwischen beiden dargestellt ist. Die Begrüßungsworte des Engels "Ave gracia plena D[omi]n[u]s Tecu[m] - Gegrüßt seist du, Gnadenreiche! Der Herr ist mit dir" stehen aufrecht. Marias Antwort "Ecce ancilla domini -Siehe, ich bin des Herren

Gerade die Dezenz der dargestellten Gegenstände spielt eine bedeutende Rolle beim Schaffen einer bestimmten Atmosphäre in der Verkündigungstafel. Hier ist aber noch viel mehr los. Neben der meisterhaften Behersschung der Technik des Stillebens, zeigt sich hier (Jan?) van Eyck auch als einen Meister der malerischen Abstraktion. Das Hanttuch neben dem Waschbecken bildet ein einfaches weißes Rechteck. Das helle Weiß in der Mitte des geschlossenen Flügels is fast gedacht als eine Lichtquelle und schafft eine auffällig bindende Wirkung zwischen den Umstehenden. Wenn man auf einer Reproduktion diese weiße Fläche bedeckt, ist der Unterschied bemerkenswert. Obwohl das Hanttuch besonders realistisch dargestellt worden ist, darf man nie vergessen, daß der Maler uns nicht einen genauen photographischen Bericht vom Interieur in Nazareth bringen will! Völlig frei kann er seine Gegenstände wählen und anordnen und läßt sich dabei von der malerischen Kraft führen. Eigentlich hätte Van Eyck dort noch ein Fenster oder ein Stück grünen Wandteppich malen können... Die Wahl der weißen Farbe in einer geometrischen Form und ganz nahe der Mitte deutet darauf hin, daß die Farbfläche die malerische Funktion eines abstrakt wirkenden Faktors hat. Daß ein Handttuch neben einem Waschbäcken hängt, ist nicht so wichtig. Wichtig ist aber, daß eine weiße Fläche auf dem geschlossenen Retabel das Licht verteilt.

Ecce ancilla dñi

Magd" wurde umgekehrt und in Spiegelschrift gemalt, das heißt, die Worte kehren zum Engel zurück. Die ganze Szene ist traditionell dem Anfang des Lukasevangeliums entnommen, wo auf diese Weise die Geburt des Messias angekündigt wird. Die Darstellung der Verkündung während Marias Gebetsstunde ist traditionell. Sie verleiht der Szene den Charakter einer Art mystischer Erfahrung der Mutter Jesu.

Hinter Maria ist ein kleiner Raum, eine Art überwölbtes Zimmerchen. Dies gibt der Szene eine besondere Tiefe. Ein ähnlicher wird auch hinter dem Engel angedeutet, aber dort ist er weniger ausgeprägt. Im Hintergrund der beiden Räume sieht man durch eine glaslose Fensteröffnung auf das Städtchen Nazareth, den Ort der Verkündigung. Die beiden Fenster stellen, indem sich die Perspektive unmerklich wandelt, eine Verbindung mit den Tafeln 18 und 19 her, die ein außergewöhnlich stimmungsvolles Interieur bieten. Hier zeigt sich etwas Merkwürdiges, das nochmals beweist, daß für van Eyck die malerische Komposition wichtiger war als die dokumentarische Photographie. Auf den beiden zentralen Tafeln ist die Wand nach vorne versetzt, so daß es für alle, die Realismen mögen, so aussieht, als ob es keinen anderen Zutritt zu dem hinten liegenden Zimmerchen gibt. Die kleine Mauer unten und die Deckenbalken setzen sich auf den vier Tafeln fort. Dies könnte auf eine Änderung des ursprünglichen Konzeptes hinweisen. Einige Kunsthistoriker glauben, daß Jan mit den beiden zentralen Tafeln Huberts Entwurf verändert hat. Wie dem auch sei, die Verschiebung der Raumplanung aus malerischen Gründen ist auffallend.

Tafel 19 erfüllt uns wieder mit sprachloser Bewunderung angesichts der Vielseitigkeit van Eycks. Wir sehen ein unglaublich schönes Stilleben, das

das Register in kühner Weise ohne jeden Hang zu einer anekdotischen Darstellungsweise füllt. Anekdotisches Interesse ist van Eyck, wie schon erwähnt, in dieser Arbeit vollkommen fremd. Ein anderes Stilleben sieht man rechts neben dem Kopf Marias: eine Mauernische mit einigen Gegenständen, einem kupfernen Kerzenständer, einer Wasserkanne, einer kleinen Vase aus Terrakotta, zwei Büchern. Wie rührend versteht es van Eyck, diese stillen Zeugen der Verkündigung mit Leben zu erfüllen!

Tafel 18 zeigt eine Straße in der Stadt. Man hat sich mit Recht die Frage gestellt, ob hier nicht eine wirklich existierende mittelalterliche Stadt, in diesem Falle Gent, gemeint sein könne. Man hat, aufgrund der möglichen Identifikation einiger Gebäude, an die heutige Korte Dagsteeg, in Richtung Walpoort gesehen, gedacht. Daraus zog man den Schluß, van Eyck habe einfach den Blick aus dem Fenster seines Ateliers gemalt. Wenn das so wäre, hätten wir ein wertvolles Indiz dafür, an welcher Stelle seine Werkstatt damals lag: an der Ecke des heutigen Vogelmarktes und der Koestraat, mit Blick auf die Korte Dagsteeg. An dem Eckhaus, das heute dort steht, gibt es tatsächlich eine Plakette, auf der die Gebrüder van Eyck abgebildet sind, als Hinweis auf diese Stadtansicht.

Oben befinden sich die Tafeln 13 bis 16. Sie sind eng mit der Verkündigungsszene verbunden, denn es gehört zur ältesten christlichen Tradition, daß die Ankunft des Messias, der sein Volk retten wird, in rätselhafter Weise vorhergesagt worden ist. Das Neue Testament selbst hatte die Vorhersage von verschiedenen Propheten des Alten Testaments übernommen. Aber nachdem der christliche Glaube mit anderen Religionen in Berührung gekommen war,

Das Studium der Perspektive und der Dreidimensionalität hat van Eyck anscheinend stark beschäftigt. Am "Genter Altar" hat er sie mehrmals ausprobiert mit dem Effekt der "en trompe-l' oeil"-Technik. Der Fuß Adams ist nur ein Beispiel dafür. Ein schönes weiteres ist aber das Buch vom Propheten Micha, das über den Rand der Leiste hervorragt. Es ist als ob sich Micha von einem Balkon herab die Erfüllung seiner Prophezeiung in Marias Zimmer anschaut.

glaubte man, daß auch heidnische Seher den kommenden Christus vorausgesagt haben. In der Verkündigungsszene hat van Eyck zwei biblische und zwei heidnische Prophezeiungen dargestellt. In den halbkreisförmigen Lünetten sieht man links den Propheten Zacharias, rechts Micha. Auf den lateinischen Spruchbändern stehen Texte, die sich auf den kommenden Messias beziehen [24]. Nach heidnischen Vorstellungen gibt es zwei Prophetinnen, die Sibyllen genannt werden. Auch sie sollen geweissagt haben, daß Christus auf die Erde kommen würde. Links, in weißem Gewand, sieht man die Sibylle von Erythrea, rechts die Sibylle von Cumae. Auf ihren Spruchbändern stehen recht rätselhafte Texte, die sich offenbar auf die Verkündigung beziehen [25]. Auffallend ist wohl der Universalismus, der hieraus spricht: Die Sibyllen sind heidnische Prophetinnen, und auch in van Eycks Himmel auf der Innentafel kommen Heiden vor.

UNTERES REGISTER

Die Tafeln 21 und 24

Auf den Tafeln 21 und 24 hat van Eyck die Stifter des Polyptychons in Gebetshaltung porträtiert. Es ist anzunehmen, daß man diese Darstellungen von Joos Vijd und Isabella Borluut Jan van Eyck zuschreiben kann. Das Motiv ist traditionell gestaltet. Auf den meisten mittelalterlichen Retabeln werden die betenden Stifter in das bildliche Geschehen eingebunden. Es ist, als ob sie unmittelbar einbezogen sind. Man braucht hier nur an zwei andere Werke von Jan van Eyck zu denken: "Die Madonna des Kanzlers Rolin" im Louvre und "Die Madonna mit Kanoniker van der Paele" im Groeninghemuseum in Brügge. In der viel komplexeren und durchstrukturierten Komposition des Genter Altars sind die Stifter jedoch stärker isoliert. Sie beteiligen sich nicht direkt an der Anbetung des Lammes auf der Innentafel, haben aber ihren Platz in der Verkündigungsszene. Genial ist ihre malerische Umrahmung: Oben und seitlich werden sie von den Mänteln Marias und des Engels sowie den beiden Johannesfiguren begrenzt. Diese beige und sandsteinfarbene Präsenz bildet einen glänzenden Kontrapunkt zu den Gewändern der beiden Stifter und gibt dem tiefen Rot eine ganz besondere, zurückhaltende und warme Ausstrahlung. Ein derartiger genialer farbkompositorischer Einfall beweist erneut, wie sehr van Eyck auch ein Meister der Abstraktion ist, dem primär Farbgestaltung und Form wichtig sind. Stellen Sie sich ein modernes abstraktes Gemälde vor, in dem die Tafeln des Engels, Marias und der beiden Heiligen einfach beige und sandsteinfarbene Flächen wären, während die Stifter durch rote ersetzt würden. Der Stellenwert der Farben träte - ohne figürliche Darstellung - umso deutlicher hervor. Aber was van Eyck beabsichtigt, ist eigentlich dasselbe. Man braucht sich nur einmal vorzustellen, wie anders das Rot der Stifter wirken würde, wenn das Umfeld bunt, blau oder schwarz getönt wäre [26].

Die beiden Portraits gehören zu den besten Beispielen der flämischen Schule. Unter dem Aspekt betrachtet, daß wir van Eycks unverwechselbare Handschrift vor Augen haben, zeigt sich einmal mehr, mit welcher schonungslosen Beobachtungsgabe der Maler bis ins tiefste Innere der Persönlichkeit vorzudringen versteht. Denken Sie nur an den Kanoniker van der Paele, an den Kanzler Rolin, den Mann mit dem roten Turban (Selbstbildnis?) oder an van Eycks eigene Frau Margareta. Von schmeichelnder Oberflächlichkeit kann da keine Rede sein. So auch hier: Nicht nur Ernst, Vornehmheit und eine gewisse Ruhe strahlt das Stifter-Paar aus, sondern auch Intelligenz und Willenskraft. - Bei Joos Vijd sehe ich sogar eine gewisse Schlitzohrigkeit und Berechnung, bei Isabella - ich weiß nicht welche - Verbissenheit... . Ihre Kleidung spiegelt ihren sozialen Status und diskret kaschierten Reichtum wider. Bemerkenswert ist die unterschiedliche rötliche Tönung. Es gibt eine Anekdote, die besagt, Albrecht Dürer sei durch die betenden Hände auf dem Genter Retabel zu seinem berühmten Bild "Betende Hände" inspiriert worden.

Die mittleren Tafeln 22 und 23

Die unteren mittleren Tafeln 22 und 23 schließlich stellen die beiden Heiligen dar, die eng in die Schöpfung des "Lamm Gottes" eingebunden sind. Links sehen wir den Schutzpatron der St.-Johannes-Kirche, Johannes den Täufer. Das Gotteshaus hat erst 1540 den Namen St.-Bavo-Kirche erhalten, als die St.-Bavo-Abtei als Strafmaßnahme von Kaiser Karl V. geschlossen wurde, damit er an dieser Stelle eine Zwingburg, die sogenannte "Spanische Burg", bauen konnte. Damit wollte der Kaiser seine aufsässige Geburtsstadt Gent in Schach halten. Das Kapitel der St.-Bavo-Abtei, die Versammlung der stimmberechtigten Mitglieder des Klosters, übernahm die St. Johannes-Kirche, die von diesem Augenblick an St.-Bavo-Kirche und seit 1559 St.-Bavo-Kathedrale genannt wurde. Bis heute ist die Krypta der Kathedrale noch immer Sankt Johannes dem Täufer geweiht.

Die Figur rechts ist Johannes der Evangelist, der nach der Überlieferung nicht nur der Autor des Johannesevangeliums ist, sondern auch das Buch der Apokalypse geschrieben haben soll, dem das Hauptthema des Altars entlehnt worden ist.

Die beiden Figuren bieten ein perfektes Beispiel der imitierten Grisaille-Malerei, wobei die Farbe nicht grau sondern sandsteinartig ist, was den Darstellungen eine größere Wärme verleiht.

Sankt Johannes der Täufer führt ein Lamm als Emblem, Sankt Johannes der Evangelist dagegen einen Kelch, aus dem sich Giftschlangen hochschlängeln. Letzteres Emblem erinnert uns an die Legende, in der erzählt wird, wie ein Priester des Tempels von Aramis (Diana) zu Ephesus ihn herausforderte, einen Giftbecher leerzutrinken, was er tatsächlich auch getan hat, ohne daß seine Gesundheit Schaden davongetragen hat. Alle vier Figuren des unteren Registers wurden

IOHES BAP

IOHES · EWAN

in eine Sandsteinnische gestellt, deren Dekoration aus zwei kleinen schlanken Säulen besteht, über denen sich ein dreiteiliger gotischer Rundbogen mit stilisiertem Blattmotiv in den Ecken wölbt. Die Hinterwand ist bei den Stiftern flach, bei den Heiligenfiguren apsisförmig. Der Licht- und Schatteneinfall erweckt, genau so wie im Oberregister, die perfekte Illusion, daß er durch das natürliche Licht verursacht wird, wie es durch das gegenüberliegende Glasfenster in die Vijdkapelle einfallen würde.

So präsentieren die Stifter und ihre Schutzheiligen heute noch immer das unvergängliche Meisterwerk, das dank ihrer Unterstützung entstanden ist.

Das Porträt von Isabella Borluut erinnert uns an das von Margareta van Eyck, der Ehefrau Jans, vielleicht durch die Mode dieser Epoche. Das Weiß der Haube und das Grün des umgeschlagenen Ärmels brechen die allzu strenge Symmetrie mit der Joos Vijd-Figur und betonen stark ihre betenden Hände.

Die Sibylle von Eritrea (an der Westküste der heutigen Türkei gelegen) erhielt eine ausgesprochen exotische Note: schwarze Lippen, einen voluminösen Turban. Wie schön hebt sich die große weiß-blaue Oberfläche vom schwarzen Kragen ab, und füllt den engen Raum und läßt ihn dadurch größer erscheinen, als er in Wirklichkeit ist.

Fußnoten

1 Völlig sicher ist dies nicht. Der Grabstein befindet sich zur Zeit im romanischen Refektorium der St.-Bavo-Abtei. Er ist beschädigt, und eine genaue Zuordnung ist nicht mehr möglich. Aber er stimmt besonders gut mit einer Beschreibung des Grabsteins von Hubert aus dem Jahre 1568 überein, überliefert von dem Genter Chronisten Marcus van Vaernewijck.

2 E. Dhanens, Hubert en Jan van Eyck, Mercatorfonds, 1980, S. 7

3 Es wurde viel über die Authentizität und den Wert des Vierzeilers diskutiert. Wir können auf diese Frage nicht näher eingehen, aber nach der derzeit überwiegenden Meinung der Spezialisten kann angenommen werden, daß die Information in dem Text mit der Wirklichkeit übereinstimmt. Am selben Tag wurde der Sohn Philipp des Guten und Isabellas von Portugal, Joos (er hat denselben Vornamen wie Joos Vijd!), geboren am Genter Fürstenhof, in der St. Johannes-Kirche getauft.

4 Das bekannteste Mitglied der Familie war Jan Borluut, Anführer eines Genter Kontingentes in der sogenannten "Goldenen-Sporen-Schlacht" am 11. Juli 1302, als die flämischen Milizen das französische Ritterheer Philipps des Schönen besiegten.

5 Für den, der den südlichen Chorgang über die Treppe im Transept betritt, ist es die 6. Kapelle. Ein hölzerner Rahmen zeigt die ursprüngliche Aufstellung des Retabels. Die Glasfenster der Vijdkapelle sind neu und wurden in Erinnerung an das 25. Bischofsjubiläum von Monseigneur L. A. van Peteghem, dem 28. Bischof von Gent, von H. Blondeel angefertigt.

6 Unter dem Terminus "Neues Testament" versteht man die heiligen Schriften der christlichen Kirche. Es handelt sich um 27 Schriften, die alle in irgendeiner Weise von Christus berichten und die den Kern der christlichen Botschaft enthalten. Es gibt vier Evangelien - Matthäus, Markus, Lukas und Johannes zugeschrieben - die von Worten und Taten Jesu, aber vor allem von seinem Leiden, seinem Tod und seiner Auferstehung handeln. Den Evangelien folgt ein Buch von Lukas über die früheste Kirchengeschichte. Dieses Buch wird "Handlungen der Apostel" genannt und handelt hauptsächlich vom Entstehen der Kirche in Jerusalem und der Verbreitung des Glaubens unter den Heiden durch die Missionsarbeit des Apostels Paulus. Weiter gibt es 21 Briefe, von denen 14 dem Apostel Paulus, einer dem Apostel Jakobus, zwei Petrus, drei Johannes und einer dem Apostel Judas zugeschrieben werden. Schließlich gibt es noch das Buch der Offenbarung, auch Apokalypse genannt, das von Johannes stammen soll und aus dem das Thema des Genter Altares entnommen wurde.

7 Es ist merkwürdig, daß das Lamm auf van Eycks Flügelaltar wie ein erwachsenes Schaf aussieht, was für jemanden mit seiner Beobachtungsgabe nicht zufällig sein kann. Osterlämmer sind per definitionem neugeboren, da Ostern in den Zeitraum fällt, in dem die Jungen geworfen werden. Geht der Künstler in seiner Vorstellung nur von der Idee des "erwachsenen" gekreuzigten Christus aus?

8 A. L. Dierick, Van Eyck, Het Lam Gods, Gent, 1972, S. 4 f.

9 Pim Brinkman, Het geheim van Van Eyck, Aantekeningen bij de uitvinding van het olieverven, Zwolle, Waanders, 1993, S. 347 f.

10 A. De Kegel, in: De Sint-Baafskathedraal van Gent. Een kunstkamer, Openbaar Kunstbezit in Vlaanderen, 30 (1992) 1, S. 30

11 Siehe A. L. Dierick: Van Eyck, Het Lam Gods, S. 22

12 Zitiert in: E. Dhanens, op. cit., S. 78, 91

13 Cf. Id., Ibid., S. 91

14 Für die Beschreibung der Tafeln folgen wir der Numerierung des ausgezeichneten Führers von Roger van de Wielle, De Sint-Bavokathedraal te Gent, 1988, S. 42. Für die Numerierung der Außentafeln nehmen wir aber eine Reihenfolge, die mit dem geschlossenen Altar übereinstimmt und nicht mit der heutigen, offenen Aufstellung.

15 Stark in diese Richtung spricht L. Dequeker, Joodse Exegese op het Lam-Godsretabel in de Sint-Baafskathedraal te Gent, in: C. Verdegaal - W. Weren (red.), Stromen uit Eden, Boxtel-Brügge, 1992

16 Siehe u. a. Gn. 49,10; Num 24,17: derartige Texte werden in der christlichen Tradition häufig auf Christus bezogen.

17 siehe Jes. 6,3

18 Eine auffällige Illustration des Problems liegt in den Publikationen von Dr. Elisabeth Dhanens vor. In "Het retabel van het Lam Gods in de Sint-Baafskathedraal te Gent", 1965, plädiert die Spezialistin für Kunstgeschichte für die Identifikation Gottvaters als Thronfigur. In ihrer großen Monographie "Hubert en Jan Van Eyck", 1980, optiert sie eindeutig für Christus. Die Schwierigkeit zeigt sich noch an anderen Stellen des Retabels. Auf der 9. Tafel sehen wir ein rotes Kreuzband, das über das Schild des zentralen "Ritters Christi" läuft. Auf dem Kreuzband steht ein Text. Auf dem vertikalen Band lesen wir DS (= Deus, Gott) FORTIS ADONAJ SABAOT (Vae?): Starker Gott, Herr der Heerscharen. Auf dem horizontalen Band: EMA // EL IHS T XRC AGLA: Emmanuel Jesus T Christus Agla. Für die Bedeutung von AGLA, siehe die Legende bei der Darstellung des Fliesenbodens der musizierenden Engel. T steht im Zentrum des Schildes und verbindet das vertikale mit dem horizontalen Band. Das T, griechisches Tau, ist ein Symbol des Kreuzes Christi. Der Ritter ist auch ein Ritter Christi. Das könnte bedeuten, daß der ganze Text auf Christus verweist. Für das horizontale Band ist dies deutlich, aber die Bezeichnungen auf dem vertikalen Band, die man teilweise auch auf die Dar-

stellung des Allbeherrschers bezieht, könnten an Gottvater denken lassen. Mir scheint der Text auf dem Schild anzudeuten, daß alle Texte sich auf Christus beziehen, als auch Deus, Adonaj und Sabaot. Genau genommen könnte es aber auch eine Vermischung der Attribute von Vater und Sohn sein.

19 Joh. 1,36 f.

20 "Deuterojesaja" bedeutet soviel wie "zweiter Jesaja" und ist der wissenschaftliche Name für einen anonymen Propheten, der im 6. Jahrhundert vor Christus gelebt hat und während der jüdischen Verbannung in Babylon gepredigt hat. Die Texte dieses Propheten wurden an das biblische Buch Jesaja angefügt und bilden die Kapitel 40 bis 55.

21 Wie überall in der Bibel ist 12 die symbolische Zahl für Vollendung und Vollkommenheit. Die Assoziation mit den zwölf Stämmen Israels, dem Volk Gottes, liegt nahe.

22 Obwohl in der ersten Gruppe nur elf Figuren gezählt werden können, hat man sie oft als die zwölf "kleinen Propheten" des Alten Testaments gedeutet. Die vier großen sollten hinter ihnen im Vordergrund stehen. Man hat die weiße Figur - die allgemein als Vergilius gedeutet worden ist - in dieser Perspektive dann auch mit Ezechiel gleichgestellt.

23 Man nimmt an, daß van Eyck eine Anzahl flämischer Grafen dargestellt hat: Philipp den Kühnen, Johann den Unerschrockenen, Philipp den Guten, Ludwig von Male. Auch Jean de Berry, Wilhelm IV. von Bayern, der byzantinische Kaiser Johannes IV. Paleologus, Heinrich V. von England und andere sind genannt worden ; überdies wurde vermutet, daß Jan van Eyck sich selbst in dem Gruppenbild verewigt hat.

24 Für Sacharja : "Juble laut, Tochter Sion ! Jauchze, Tochter Jerusalem ! Siehe, dein König kommt zu dir." (Sach. 9,9). Für Micha : "Aus euch soll der hervorgehen, der der Herrscher in Israel sein wird." (Mich. 5,2).

25 Die Sibyllen waren im christlichen Mittelalter sehr bekannt. Auch in dem berühmten "Dies Irae" aus der lateinischen Totenmesse (Reqiem) kommt die Sibylle zur Sprache:
"Dies irae...teste David cum Sibylla". Das Spruchband der eriträischen Sibylle enthält einen Text aus der "Aeneis" von Vergil (Aen. VI,Vv. 50-51). Der Text lautet: "Nichts Sterbliches besingend, bist du von göttlichem Willen erfüllt". Das der cumäischen enthält - eigentlich falsch - eine Prophezeiung, die in Wirklichkeit der erythräischen Sibylle zugeschrieben worden ist und die dem Werk "De Civitate Dei - Die Stadt Gottes" des Heiligen Augustinus entnommen wurde. Der Text lautet : "Der allerhöchste König wird in Menschengestalt kommen, um ewig zu herrschen."

26 Vielleicht stoßen wir hier auf den gravierendsten Mangel in der heutigen Aufstellung des Polyptychons. Weil es permanent geöffnet ist, kann man die "geschlossenen" Tafeln nur von der Rückseite des Altars bewundern. Die Figuren sind durch eine breite, schwarze Wand voneinander getrennt und wenden einander gewissermaßen den Rücken zu. Es kostet den Betrachter deshalb viel Mühe, die Einheit der Komposition und vor allem die glänzende Ordnung der Farbenpalette im Kopf zu rekonstruieren. Glücklicherweise wurde dieser Zustand durch ein Modell, das sich schließen läßt, etwas gemildert.

Bibliographie

- Cels, Jos, *De Roof van de Rechtvaardige Rechters. Geschiedenis van de opzienbarende kunstroof in de Sint-Baafskathedraal te Gent*, 4. Dr. Antwerpen-Bussum, 1983, 173 S.
- Coremans, P. - Janssens de Bisthoven, A., *Van Eyck. L'adoration de l'Agneau Mystique* acian, Primitifs Flamands, 1.Teil. Engl. übers. (M. Davies) *The Adoration of the Mystic Lamb*, Amsterdam - Antwerpen, 1948, 45 S. + 209 S.ill.
- De Baets, J., *De gewijde teksten van "Het Lam Gods" retabel. Kritisch onderzocht*, s.l. (Maldegem), s.d. (1984), 88 S.
- Dequeker, Luc, *Joodse exegese in het Lam-Godsretabel in de Sint-Baafskathedraal te Gent*, in: C. Verdegaal - W. Weren (Red.), *Stromen uit Eden*, Boxtel-Brugge, 1992, S. 195-211.
- Dhanens, Elisabeth, *De Patriciërs en het Lam Godsretabel*, in: Firmin de Smidt - Elisabeth Dhanens, *De Sint-Baafskathedraal te Gent*, Tielt, 1980, S. 152-176.
- Dhanens, Elisabeth, *Het retabel van het Lam Gods in de Sint-Baafskathedraal te Gent*. Inventaris van het kunstpatrimonium van Oost-Vlaanderen, VI, Gent, 1965, 121 S. ill.
- Dhanens, Elisabeth, *Hubert en Jan Van Eyck*, Antwerpen, Mercatorfonds, 1980, Ill.
- Dierick, Alfons L., *Van Eyck. Het Lam Gods*, Gent, 1972, 48 S. Ill.
- Dierick, Alfons L., *Joos Vijds Tafele. De retabel van het Lam Gods. Van Eycks meesterwerk in kleuren en op ware grootte*, Gent, Dierick, 1995, 88 S. III
- Heymans, H., *"Hier sagh men schilders jong en oudt en alle constbeminders omtrent swermen"*, in: Ram-Rapport 4, Maaseik, 1990, S. 65-86. Ill.
- Kegel, Andrea de, *Het Lam Godsretabel door Jan en Hubrecht van Eyck*, in: *De Sint-Baafskathedraal van Gent. Een kunstkamer* (Red. Geert van Doorne), Openbaar Kunstbezit in Vlaanderen, 1992,1, S. 24-32, Ill.
- Mortier, Karel - Kerckhaert, Noël, *De Rechtvaardige Rechters gestolen. Een kriminologische studie*. Gent, 1968, XLVIII-276 S. Ill.
- Mortier, Karel - Kerckhaert, Noël, *Dossier Lam Gods. Zoektocht naar De Rechtvaardige Rechters*, Gent, 1994, 579 + 85 S. Ill.
- Pinet, André, *Het Lam Gods*, Parijs-Antwerpen, 1987, 64 S. Ill.
- Puyvelde, Leo Van, *L'agneau Mystique*, Brussel, 1946, 125 S. Ill.
- Steppe, J.K., *De echo van het "Lam Gods" van de gebroeders Van Eyck in Spanje*, in: Ram-Rapport 4, Maaseik, 1990, S. 3-63. Ill.

Inhalt

Schmidt, Peter
Der Genter Altar

Leuven, Davidsfonds, 1995
Blijde Inkomststraat 79-81, 3000 Leuven
80 S.

Druck und Einband: Druckhaus Lannoo NV - Tielt

Buchausstattung: Gregie de Maeyer
Übersetzung: Achim und Eva Zacharias
Fotos: Paul Maeyaert
Rat zur Wahl der Abbildungen: Paul Maeyaert

D/1995/0240/5
ISBN 90-6152-878.x